世界一のアントレプレナーシップ

バブソン大学で教えている

山川恭弘
Yasuhiro Yamakawa

KODANSHA

はじめに

いま、私はアメリカにあるバブソン大学で「Entrepreneurship」を教えています。日本語で言えば「起業家精神」とでも呼べるでしょうか。決して起業家を目指すためだけのものではなく、混沌のなかで挑戦するすべてのビジネスパーソンのための指針となるように努めています。ところで、先日、バブソン大学の人事部から言われたのが次の言葉です。

「YASUに関わると、人が辞めちゃうんだよ」

苦笑いをしながら、嫌みが半分なのか、それ以上なのかわかりませんが、「どうして辞めるんだろうな、YASU何か言ってないか?」とも聞かれました。

バブソン大学で講義をしていますが、単独でだけではなく、二人でコーティーチするクラスもあり、ティーチングパートナーもたくさんいます。それに加えて、大学職員（アドミニストレーター）もいます。その人たちと私の接点はとても多い。私はよく日本の大学でも集中講義をしますが、バブソン大学のプログラムの一環として行く場合はアドミニストレーターも同行していま す。四六時中とは言いませんが、結構高い密度で行動をともにしています。とはいえ、学生たちに講義するように、その人たちに何かを教えたりはしていません。

なのに……。

バブソン大学で教鞭をとるようになって15年。8名のアドミニストレーターが私について、そして辞めていきました。15年で8人の退職が多いのかどうか、判断しづらいですが、大学当局の判断は冒頭で述べたように「多い」ようです。しかも、その8人は、自ら起業、スタートアップ企業にジョイン、大企業へ転職と、8分の6の確率で、いわゆる「起業家志向」の新天地に転身をしています。

もともと、バブソン大学で私の講義を受けるような学生は、起業家志向が強い人です。そういう人が、どんどん起業していくことは想像に難くありません。しかし、大学職員は違います。日本でも大学職員といえばお堅めの職業の一つ。それはアメリカでも変わらず、どちらかといえば安定志向のはずが、なぜか、起業したりスタートアップに参加したりしてしまう。そんなわけで

「ＹＡＳＵ、お前なにかしてないか」と言われてしまっているのです。

これは、天地神明に誓って言えます。何もしていません。むしろ、私だって困っています。私の仕事を適切にマネジメントして動かしてくれる、優秀な職員が辞めてしまうのですから。真面目にやってくれていた優秀な人ほど、辞めてしまいます。実は、大学関係者のみならず、顧問やアドバイジングをしているスタートアップから大企業に至るまで、私の担当者が次々に現職を辞めて新たな挑戦に乗り出します。

という愚痴を知人に話したところ、「それは環境要因でしょう」と言われました。私自身、安定とは程遠い思考と行動様式を持っていますし、学生たちもそうです。日本の大学でワークショップを受ける学生も、起業家志向が強い人が多い。自然と、私に同行しているアドミニストレーターもそういった人たちに多く触れることになります。

環境というと堅苦しいかもしれません。（挑戦を促す）「空気感」、（ポジティブな）「同調圧力」、そんなものが常に漂うイメージです。そういった空気・圧力・環境要因で、心のどこかにあった「起業家精神」が刺激されたと考えるのが自然だというわけです。私の周囲には、起業家だったり、その卵だったり、起業家のすぐそばにいる人が多いので、私からでなくても、そういった雰囲気にさらされたり話を聞く機会が増えるのでしょう。

最近の「メンターブーム」に感じること

もともとコンサバティブな大学職員が起業家になっていくという過程で、図らずも私がメンターのようになった、少なくともそういう環境を用意することになったということはあるかもしれません。メンターとは、直訳すると「指導者」「助言者」になります。いわゆる上司とは違い、仕事やキャリアについて助言を求める相手がメンターだと言えます。

ここで大事なことは「仕事の技術的な問題、知識」ならば、上司や同僚に聞けばいいということなのです。メンターの場合、それ以上に「キャリアの悩み」に答え、「人生の歩み方」に助言を与えるなど、「精神面のサポート」を含めて、成長を促すことが重要だと思います。社内の先輩がメンターになるだけでなく、時には社外の異なる環境にいる人にメンターになってもらい、社内だけではわからない客観的な視点、異なる視点からの意見によって、新しい考え方を身につけていくことが可能になってきます。

最近、日本でもメンターという言葉が知られ、メンターによるコンサルティングが活用される機会も増えているようです。メンターマッチングサービスさえあります。そこで、気になることがあるのです。メンターマッチングサービスに登録している人の「メンターの条件」です。

・流通業で管理部門の経験が10年以上ある人
・製造業の総務・人事部門の勤務経験がある人
・複数のグローバル企業でプロジェクトマネジメントをしてきた経験がある人

などなど、条件がとても細かいのです。いえ、細かいこと自体はいいのですが「○○の経験がある人」にとどまらず「▲▲業界で○○の経験がある人」まで絞って探しているのです。たしかに、マッチしないメンターには会いたくないでしょう。それは理解できますが、そこまで細かく設定するなら「自社の先輩で良くない？」と思えてきます。その条件に合致する人って、同業他社の人じゃない？　競合会社の人？　とも思えてきます。

もっというと、あまりにもこれが欲しい！　と、ギブアンドテークならぬ、ギブナシのテークのしたたかさが前面に出ている感じがします。

先に述べたように、私個人は、メンターは、技術やノウハウだけでなく、精神面でのサポートが大きいのだと思います。行き詰まっているときに、少し視点を変える、異なる意見に耳を傾けるだけでも、事態が打開できることはあります。社内でいつも顔を合わせている人ではなく、異なる立場からの意見が助けになることは珍しくありません。そして、「社内」という枠を超えたキャリアの考え方、仕事への取り組み方、人生観に気づきを与えてくれるのがメンターなのではないかと思います。

ところが、最近のメンターマッチングを見ていると、そうではなく「スキル」「ノウハウ」「情報」を求めているようで、少し違和感があるのです。メンターとは、その人間の「環境に変化を与える存在」なのではないでしょうか。

そこで、冒頭の話に戻ります。私をサポートしてくれるアドミニストレーターたち。どちらかというと安定志向で、起業家精神からは縁遠いように思えた人たちが、次々と起業・転職していった実例。それが私一人に起因するのか、それともバブソン大学のアントレプレナーシップ教育に起因するのか、いずれにしても、「コンサバティブな思考から、視座が変わる刺激」があったということだと思います。

そして強調したいのは、「私はそれで困っている」ということです。大学側からは小言を言われ、有能なアドミニストレーターが辞めていくのですから。いや、本当に困っています。

妙な自己紹介になりましたが、もう少し続けます。

子供のころ、父親の仕事の関係で、引越しを繰り返していました。それも日本国内にとどまらず、世界8ヵ国を転々と。だから、幼稚園、小中学校の間、ずっと「アウェイ」の環境です。言葉さえわからない。成長し、日本で高校、大学と過ごしても、どこか、他の人と違う感覚がありました。就職しても、だったと思います。

周囲の人、友人や先輩、上司、後輩にも、いい人に恵まれていました。一生の友人もいます。でも就職しても、どこか、「ここじゃない」感じがずっとありました。

何かを変えたくて、経営学修士（MBA）を取得した後、博士課程（Ph.D.）に進んだのですが、事前にその世界の厳しさをリサーチしていたら、止めていたかもしれません。願書を提出した初年度はすべて不合格でした。懲りずに挑戦し、翌年にようやく合格をしました。現実を知らなかったからこそ、チャレンジできたのだと思います。学費の負担も大変で、食べるのにも苦労し、熱が出ても医者にさえ行けない日もありました。

でも、夢があったのです。

きっと、世界は変えられる。

いろんな痛みが世界にはあって、それを一人ではなくすことができない。自分では気が付かない痛みもある。

きっと、自分が起業家を育てることで、その痛みは減っていく。

この本を手に取っているあなたには、きっと夢がある。

何かを解決したい、当たり前を変えたい。

さぁ、世界を変える、起業道へ、ようこそ。

バブソン大学で教えている

世界一のアントレプレナーシップ

目次

第二章

行動する Entrepreneurs take action.

第三章 失敗する Entrepreneurs embrace failures.

第四章 囚われない Entrepreneurs think and act outside the box.

第五章 自らを律する Entrepreneurs are self-disciplined.

第六章 幸せを摑みとる Entrepreneurs find happiness from within.

バブソン大学で教えている

世界一のアントレプレナーシップ

第一章

夢を描く

Entrepreneurs are dreamers.

時を経ても色あせないもの、変わらないもの
ピーター・ドラッカー、最後の生徒の一人として

私はバブソン大学でアントレプレナーシップ教育に携わっています。これは何度も口に出していますし、プロフィールにもそう書いています。場合によっては、バブソン大学で教鞭をとる前にＭＢＡを取得していることに触れていることもありますが、「どこでＭＢＡを取ったか」に触れているものは多くありません。

そもそも、子どものころは父の仕事の関係で根無し草の生活でした。そこで得たものも多くありますが、日本に戻って学生生活を送る間、どちらかというと「要領がよい学生」だったと思います。効率よく、学生生活を送っていました。学校がエスカレーター式で進学できたので、あまりガリガリと勉強することもありませんでした。むしろ自分の時間を謳歌する日々を送っていました、働き過ぎたり、遊び過ぎのない範囲内で。

誰もが知っている企業に就職しましたし、縁にも、働く環境にも恵まれていたと思います。ただ、「自分」が希薄だと感じることが増えました。夢が思い描けなかった。今から思えば、経験不足の若造が、頭でっかちな妄想をしていたのかもしれません。

でも自分の夢を叶えていくために、自分の言葉に説得力を持たせるためには「学問」が必要だと感じたのです。だから人生で初めて真剣に学ぼうと考えました。

渡米して経営学修士（ＭＢＡ）を取得しようと。数あるプログラムのなかで、私は西海岸のクレアモント大学院大学（ＣＧＵ）を選びました。みなさんはこう感じるでしょう。

え？　どこ？

最初はランキングの高い、有名なビジネススクールをキャンパスビジットしました。そこは１００名超の大教室で聴講するスタイルの授業がほとんどでした。それまでと違う環境で、それまでとは違う学びをしたかった私としては、大教室での聴講は日本での大学時代とさして変わらないと感じられたのです。大教室なら、居眠りもしやすいし、わからなかったらそのまま逃げることも難しくない。

そこで目に留まったのが、ロサンゼルス（ＵＣＬＡ、南カリフォルニア大学などがある）を訪問した際に少し郊外に存在したＣＧＵ。そこは1クラス30名程度の少人数だったのです。ここだと感じました。そこで私は、ピーター・ドラッカーと出会います。

日本で経営を、マネジメントを、リーダーシップを学ぶと、必ず出てくる名前、それがピーター・ドラッカーでしょう。不勉強であった当時の私は、遅ればせながら数々の著書を読みあさりました。当時、ドラッカー氏はすでに高齢で、しかも2年間のプログラムのなかで、彼の講義を受けるチャンスは1セメスター（学期）のみ。いえ、いまから思えば、直接教えていただける機会に恵まれたこと自体、奇跡なのかもしれません。

ドラッカー氏の講義は、毎週土曜の午前中でした。1クラス30名程度の小さな円形教室に学生が集まっているとドラッカー氏が入ってきます。

教室の中では、誰の手も借りず、ゆっくり、でも自分で歩いて、教室のど真ん中に置かれた椅子に座ります。クッションを腰のあたりに添えて。用意された目の前のドーナツを口に運び「土曜の午前はここでドーナツを食べるために来ているんだ」なんていうジョークを言いながら、突然、講義に入ります。

まるでつぶやくように、流れるように、一方的に話し続けます。自分自身のビジネス上の経験、さまざまな会社の話、ケーススタディなどを、一方的に話し続けます。数時間ノンストップで。「いまの話から学べることは7つある」などと言いながら、まるで本でも朗読しているかのようでした。気を抜くとあっという間に眠気に誘われる。退屈だと感じたら、聞いていられなくなる。そんな空間でした。

ただ、それほど豊かな時間は他になかったのではないかと思えるほど、濃密な時間だったと思います。いまでもノスタルジックな想いとともに、その景色が生々しく思い浮かびます。ドラッカー氏の話を聞くうちに、ただ、夢中になって耳を傾けている自分がいました。

学期の終盤になると、課題が出されます。講義で学んだことを参考にレポートを出す必要があるのです。当時の私は、製本や体裁にこだわって、目立つように、手に取りやすいようにと工夫していました。透明のカバーに真っ白の厚紙の背表紙、コイルの巻き方にも拘っていました。これもサバイバルの手法の一つだったのかもしれません。

講義の最終日、ドラッカー氏が全員のレポートを返却します。順に返却していくのですが、私のレポートは、積んである中でどこにあるのか一目でわかります。「ああ、次は自分の番だな」と思っていると、ドラッカー氏は、私のレポートをちらっと見て横に避《よ》け、他の人のレポートに移ったのです。結局、私のレポートを手に取ったのは最後でした。

「YASU、どこにいる?」

そうドラッカー氏が言い、私は手をあげました。

「This is a beautiful paper, thank you.」

そう一言だけ、褒めてくれたのです。後で中をチェックすると「ここはよくわからない」とか「違うんじゃないか」といった指摘がたくさんありました。でも、最後の最後、背表紙の1ページ前に、総評とともに、「A」の文字が。高い評価をくれたのです。それ以来、私はクラス内でも一目置かれるようになったことを覚えています。

ドラッカー氏はその年を最後に体調不良から教壇を降りました。その数年後に亡くなっています。あのクラス30人が、ドラッカー氏の講義を聞いた、レポートを添削してもらえた、最後の30人でした。その一人であることを今も誇りに思っています。

ビジネスを学ぶ重要性と古典

大学では経営学、経済学、マーケティング、アントレプレナーシップなど、ビジネスに係わるさまざまなことを学ぶことができます。大学生だけではなく、社会人になってからも、さまざまな手段で、「ビジネスを学問として」学ぶことが可能です。私もそれを教える一人です。

でも、こういう人がいます。

「学問なんて、現場のビジネスでは役に立たない」

「大学のセンセイなんて、現場で働いたことないでしょう」

ここまで極端な思考の人は少ないかもしれませんが、似たようなことを考えたことがある人は少なくはないでしょう。アカデミックなセオリーとプラクティスの関係は、頭が痛い問題です。「大学で学ぶことは現場と違う」という一種の思い込みをいったん横においておいたとしても、学問とビジネスの間には大きな隔絶があることも事実です。

学問の世界では、論文が重要になります。論文として発表されたことがポイントであり、それが世界に広がっていきます。まずリサーチして研究し、書かれた論文が掲載されるまでに数年の時間がかかるという、タイムラグが発生します。リアルタイム性が高いビジネスの世界では、論文を目にしたときにはもう遅いということが往々にして起こり得ます。これでは「経営を科学する（Management as Science）」にはほど遠い。本当に「科学する」のであれば、その大発見を一秒でも早く世に知らせるべきなのだから。

また、多くのビジネスパーソンはそもそも論文に触れないという問題があります。相当勉強しているビジネスパーソンでも学術誌に目を通している人はほとんどいないのではないでしょうか。せいぜい、『ハーバード・ビジネス・レビュー』等、学問としてのビジネスをわかりやすくかみ砕いて書いてくれているものくらいでしょうか。

悲しいかな、学問とビジネスの現場には高くそびえる壁が立ちはだかっていると言えるでしょう。これはとてももったいないと考えています。

学ぶことの第一歩は「古典を知る」ことかもしれません。たとえば、ドラッカーの教えも、もはや経営学、組織論、リーダーシップ、マネジメントとしては「古典」になっています。創造的破壊（creative destruction）あるいは新結合（new combination）のヨセフ・シュンペーター、リスクと不確実性の関係を説いたフランク・ナイト、競争戦略論のマイケル・ポーター、マーケティングのフィリップ・コトラーなどすべて、大学で経営や経済、アントレプレナーシップなど、ビジネスについて学ぶ場合には必ず触れる名前です。いずれも20世紀に活躍した人ですが、いまや古典となっています。

古典とは「古いもの」ではあるのですが、「ただ古いもの」ではありません。何十年もの間、ものによっては１００年近くビジネスの現場で実践され、学問の場で議論され、時には否定され、また復活し、それでもいまも残っているもの、それが「古典」です。

いま、最新の経営理論、技術、手法も、元をひもといていけば古典にたどり着くことがほとんどです。ＩＴ技術を活用したマーケティング手法にせよ、結局、コトラーの根元にたどり着いたりします。メディア論の大家、マーシャル・マクルーハンのメディアに関する理論は、80年代に「古くなった」と一度、捨てられたことがあります。通信技術の発達で、活版印刷以降のメディアをベースに論じたマクルーハンは古いと考えられたのです。しかし、インターネットが普及したいま、改めてマクルーハンが評価されています。むしろ、現在のインターネット社会を予見していたのではないかと言われているのです。

学術理論を判断する際に、その基準は「古いか新しいか」ではないのです。何がその考え方の「コア」なのか、が最も重要です。その上で成立する温故知新、これこそがイノベーションだったりもします。

古典は、普遍的なものであり、不変なものなのです。最新のビジネス理論を学ぶと同時に、古典を学ぶことで、さまざまな発見があります。

最新の理論は古典と何が違うのか、あるいは違わないのか。どこにフォーカスしているのか。そういった考察を行うことで、学びは一層深まります。自分のビジネスに迷いが生じたときこそ、古典に戻ることで見えてくるものがあるはずです。

私にとっては、それがピーター・ドラッカーです。いまも彼の独特の喋り方、声が頭の中で再生されます。彼はいつも、夢を描いて、物語を語っていました。人生は物語だ、ビジネスも、起業も物語だ。

自分で道を切り拓け。

"The best way to predict the future is to create it."

予測不能なＶＵＣＡ（Volatility：変動性、Uncertainty：不確実性、Complexity：複雑性、Ambiguity：曖昧性）の時代だからこそ、自分で未来を創れ。

そんなことを祖父と孫ほども年が違う人から、学ぶことができた。普遍で不変なもの。それは人生で得難い経験の一つです。

いま、社会は起業家を求めている

起業家、アントレプレナーという言葉はみなさんご存じでしょう。これはただ「会社を起こす人」という意味ではありません。私はこれを「事業を通して、社会を変えていく人」だと考えています。

経済産業省の調べによると、２０２２年度に日本で「起業した会社の数」は、約14万社に上ります。しかしそのほとんどは、独立起業、引退後の起業などであり、起業理由も、「自分の裁量で仕事がしたい」「年齢に関係なく働きたい」「仕事を通じて自己実現したい」といった、個人に関わる理由がほとんどです。人生１００年時代と言われる今、働き方の多様性が求められる今、とても重要なことです。

しかしその中には「アイデアを事業化したい」「社会に貢献したい」という回答もあります。これこそ、私が考える「アントレプレナー」です。

世界的なコンサルティング企業であるアーンスト・アンド・ヤング・グローバル・リミテッドが毎年、世界各地で優れたアントレプレナーを顕彰・支援しています。

韓国のJung Jin SEO氏は、40歳過ぎのいわゆる働き盛りの年齢で、それまで働いていた自動車業界での職を失いました。ところが彼は、まったく畑違いの製薬業界で起業します。なかなか進まない「がん」をはじめとするさまざまな疾病の治療に関して「次世代の医療モデルを完成させる」と強い意志を持って取り組み、起業した会社をセルトリオングループとして大きく成長させ、乳がん、関節リウマチ、インフルエンザなどの安価な治療薬の供給を推進し、抗ウイルス薬の分野で革新をもたらしています。

クロアチアのMate Rimac氏は、自動車好きが高じて、21歳で電気自動車の会社を起業。起業から2年で世界初の完全自動ハイパーカーを開発しています。自らの自動車についての知識とほかのメーカーへの取材で得られた知識を活用し、最先端の自動車開発にとどまらず、持続可能な社会をつくり上げる企業となり、世界的な自動車メーカーに、高性能バッテリー、電気自動車部品を供給するまでに成長しています。

アメリカ、デトロイトでWalker-Miller Energy Services社を経営するCarla Walker-Miller氏は、化石燃料から脱却し環境にやさしいエネルギーへの移行を進める事業を展開しています。20世紀に栄えた自動車の街・デトロイトは、一方でガソリンを大量消費する社会の一つの象徴だったかもしれません。その街から、持続可能なエネルギーを推進する企業が生まれていることは象徴的です。アフリカ系アメリカ人女性であるCarla Walker-Miller氏は、労働力の多様化にも積極的に取り組んでおり、そういった視点からも、社会を変えていく強い意志が見て取れます。

わずかな例ですが、ただ会社を起こすのではない、「アントレプレナー」とは何か。それがこの3人から読み取れるのではないでしょうか。彼らが発しているのは社会を変えていこうという意思の力です。人生の羅針盤、起業「道」としてのアントレプレナーシップです。

これはなにも、この3人に限った話ではありません。過去にも、いま世界を代表する企業を起こしたアントレプレナーがいました。

何かと話題が多いイーロン・マスク氏ですが、彼は10歳でプログラミングを習得、12歳でゲームソフトを開発したという経歴があります。どこか、ビル・ゲイツめいたエピソードですが、マスク氏は、その後、紆余曲折を経て、ペンシルバニア大学で物理学と経済学の学士号を取得、さらにスタンフォード大学に入学するのですが、わずか2日で退学します。そのときに次のようなことが頭にあったというのです。

「大学生のとき、将来人類にとって最も重要になるものは何か考えた。答えはインターネット、持続可能エネルギー、そして複数の惑星での生活の三つだった」

——『週刊東洋経済』2013．1．12

人によって評価が分かれるイーロン・マスク氏ですが、今の彼の精力的な行動を見ても、当時の考えがベースになっていることがわかります。どれも、社会を変えるものに違いありません。

アントレプレナーシップとは何か？

そもそも「アントレプレナーシップ」とは何か。

日本語で言う「起業家精神」ということなのですが、「精神」というと、マインドセットの話にも聞こえます。あるいはウィル、「意志」である。これらは真実でもあるのですが、それだけではないはずです。

学術的には、アントレプレナーシップ研究の礎となる論文となった"The Promise of Entrepreneurship as a Field of Research"でシェーンとベンカタラマンが唱えた"Entrepreneurship as the nexus of individual and opportunity"（個人と機会を繋ぐもの）。

ハーバード・ビジネス・スクールのハワード・スティーブンソン教授の定義によれば「コントロール可能な資源を超越して機会を追求すること」、少しだけかみくだくと「眼の前にビジネスチャンスがあれば、リソースが有るとか無いとかに関係なく、そのチャンスを追求する」ものだということです。あくまでも、学術的な範囲では、アントレプレナーシップはこのように認識されています。

では世間一般ではどうでしょうか？　会社をつくることだったり、事業を起こすこと、これは

「起業」です、とてもわかりやすい。このイメージだと、会社をつくって事業を起こすことも、会社内で新規事業を立ち上げることも、すべて含まれます。ところが、そこに「精神」がくっつくことで難解になるのかもしれません。

「アントレプレナーシップって何ですか？」

何度となくこの質問は受けてきました。そのたびに、答えとして選んだ言葉は違っていたかと思います。

ひらめきとか、新たなアイデアを想像する
この世にないものを生み出す
ビジョンを持ち、事業を行う
創造したり、妄想したり

あるいは、

これまでの型を破る

新たなルールを創り出す
リスクを恐れず、チャレンジする

さらには、

人とつながる、巻き込む
信頼と絆をベースとしてチームをつくる

さまざまな切り口があり、どれも間違っていません。でももしかしたら、それは「アントレプレナーシップ」の中に含まれる一つ一つの要素を抜き出したものだったり、アントレプレナーシップ、起業家精神を持つ人の行動が表されたりしているに過ぎないのかもしれません。

あえて、ここでこれまで挙げたものに付け加えるならば、

The Growth Mindset

成長への意識があると思います。失敗を恐れず突き進んでいく。失敗してもそれを糧に新たな

挑戦を続けていく。前を見て、俯《うつむ》かない。前進あるのみ。NOから始めるのではなく、YESで始める。

自分の意思を貫く。欲望に忠実である。自分の目指す人生を生きる。社会を生き抜く力、変革する力を備える。だからこそ、世界を変えることができる。アントレプレナーシップとはそういった精神性を指しているのだと思います。

未知の世界に挑戦していく、未開のジャングルにブッシュナイフ一本で挑んでいく――。

ワクワクしませんか？

万人がそうではないと思います。でも、切り開いたジャングルの向こうに何があるのか。よし、それなら自分がその道をつくってやる。リスクはある。けれど、それ以上に、ワクワクする。

アントレプレナーシップの定義はさまざまだと思います。学術的な定義もあります。でも、いま、私があえて言語化するならば、これかもしれません。

探検する。未来を切り開く意志を持ち、行動する。

バブソン大学の校舎にはこういう垂れ幕が下がっています。

"Those who dream we call dreamers. Those who do we call entrepreneurs."

夢を描く者をドリーマーと呼ぶ。
行動する者をアントレプレナーと呼ぶ。

夢は不可欠です。でもそれだけではない。行動すること、これを欠いてはならない。

探検する者にもさまざまなタイプがある

10数年も大学で起業家教育をしていて、たどり着いた「アントレプレナーシップ」の概念が「探検」というのも、少し物足りない気もしますのでもう少し考えてみましょう。

大航海時代をイメージしてみてください。多くの探検家がヨーロッパから船で旅立ちました。地球は丸いらしい。ヨーロッパから見て東にあるインドは魅力的な土地だがアフリカ大陸を大回りしなければならない。とてつもなく時間がかかる。

この課題を解決するのは、まさに世界を見る目を変えることだったでしょう。

地中海から紅海に抜けるスエズ運河ができるのは19世紀ですが、この工事は大航海時代から続く「いかにインド洋に早く抜けるか」を実現する事業であり、実際、スエズ運河は世界の海運を劇的に変えています。

ですが、大航海時代、それほどの土木工事技術はまだありませんでした。まだ見ぬ世界に船を漕ぎだす、これは世界への挑戦であり、探検であり、まさにアントレプレナーシップを持つ人たち、そのものだったでしょう。純粋にまだ見ぬ世界に憧れた人、そこから生まれる富に興味があった人など、そのビジョンはさまざまでしょうが、どれも素晴らしい起業家精神の持ち主に違いはないのです。


この時代の探検家は、大きく3種類に分類されます。

- Risk Manager
- Uncertainty Navigator
- Ambiguity Explorer

Risk Managerは、自分が進む道にあるリスクを測り、対策を立て、危険を最小限にしていく。大航海時代なら、アフリカ大陸回りでインドを目指す、実績がある航路を選ぶ。その範囲で「いかに速く、安全に、大量に物資を運ぶか」という課題解決に挑戦していくわけです。

Uncertainty Navigatorは、実績のない航路を目指します。どうやら地球は丸いらしい。だから、インドがある東ではなく、西に向かってもインドに着くはずだ。当時、航海技術は発達していますし、測量技術も相当進歩しています。それらを使いこなせば実現できそうな「西向きのインド航路」は、なかなかに確実性が高い航路だったのです。ただし、「誰もやったことがない」。

3つ目のAmbiguity Explorerは、道なき道を行く冒険者です。マゼランのように、地球が丸い「らしい」という条件自体が不明確な状況においても、とにかく海原に身を投じる。その先に何があるのかもわからない。でも、わからないからこそ行くんだという精神性です。

起業家もこのように分かれるのでしょう。

道を切り開く探検家にもその精神性に違いがあるということです。これを経営にあてはめるとするならば、これら個人の特性や強みを見極め、適材適所をはかる、というところでしょうか。

アントレプレナーシップは教えることができるのか？

そもそも、アントレプレナーシップとは学ぶものなのか、教えるものなのか？　という問いも見えてきます。アントレプレナーシップが純粋に、その「精神性」にのみ由来するならば、それは教えるものではなく、**示すもの**であるはずです。精神性は不可欠ですが、行動することも同様に欠かすことができません。

"Entrepreneurship is a full combination of art and practice."

イーロン・マスクは、アントレプレナーシップを学んだのか。ジェフ・ベゾスは？　スティーブ・ジョブズは？　松下幸之助は？　本田宗一郎は？

おそらく、体系的に学んだことはないでしょう。そもそも学問として体系化された歴史も浅いのです。大学で学ばず、まったく違う分野の勉強をして起業家として成功するケースも珍しいものではありません。自力でエネルギッシュにどんどんアイデアを生み出し、起業をし続ける人もいます。

これはとても重要なテーマであり、私の存在意義にも関わってきます。

アントレプレナーシップ教育の意義の一つは、「世界を変える冒険者を一人でも多く世に送り出すこと」だと感じています。世界中に溢れる問題に触れること、それは日常の些細な問題でも構わない。目の前で困っている人を救う心を養うこと。根底にあるのは課題解決であり、起業とは一つの方法に過ぎない。そのために身につけるべき、解決方法（アイデア）の出し方、磨き方、実現するために必要なリソースのつくり方、資金、仲間の集め方、彼等とのコミュニケーション、組織をつくり運営していくメソッド……。

先人たちが残してくれたさまざまなノウハウがあります。生み出された手法があります。誰もが知っている成功者たちの陰にいる、志半ばで諦めざるを得なかった人たちも、「学ぶことができる素養」が身についていれば、成功に近づけたかもしれない。

そういったことを学ばずとも、できてしまう人もいます。欠けている部分を埋めてくれる人に出会った人、マイナス面は関係なく、突き進むことで成功した人もいるでしょう。しかしそうではない人たちだって、「学ぶことで成功確率を上げること」はできたはずです。

もう一つの意義は「気づき」を与えることです。たとえば私の講義を受ける学生の中で、「俺は世界を変えてやる！」と押しが強い学生ももちろんいます。しかし、数ある講義の中で、なんとなく受けてみた。ちょっと面白そうと感じた。そんな学生も多数います。でも、その中にも、実際に卒業後に起業家の道を進んだ学生、起業家ではなくても関連するビジネスの道に進んだ学生はいます。

起業家なんて雲の上の世界の存在。自分とは関係ない世界の話、そんなふうに多くの人は感じているでしょう。でも、私の講義を通じて、刺激を受け、気づき、起業家の道に入る。それを応援、支援する道に入る。いえ、普通に就職したとしても「起業家のような思考」を持ち「起業家のように行動する」ことを学んだ人は、目の輝きが違います。自分の人生に対して、意思を持ち、自信を持って前進していきます。挑戦し続けます。

３つ目の意義は、「仲間を見つける」ことかもしれません。
これについては、少し詳しく書いていこうかと思います。

教え子たちの姿から見えるもの

私の講義を受ける学生は、大きく３つのタイプに分かれるのかもしれません。

・**優等生タイプ**

成績優秀でとても頭がいい。コミュニケーションも取りやすいし、周囲に溶け込むのもうまい。成績でAをとることに固執する。

・**一風、変わった学生タイプ**

優等生とは違い、「俺は世界を変えてやるぜ」なんて最初から口に出すタイプ。我を押し通そうとすることも多く、周囲と軋轢《あつれき》が生まれることもある。コミュニケーションがうまくないことも。案外成績が良くないこともある。

・**本当の変わり者タイプ**

放っておいても、勝手に学び、起業家として世に出ていくタイプ。成績なんて意に介さず、自分が必要だと思うものをかぎわける嗅覚が鋭い。学生のうちに起業して、どんどん、世界を広げていく。このタイプの学生は案外、少数派。

私に会いにくる学生の多くは、おそらく、2つ目の一風変わった学生たちです。彼らはとても繊細で、でも飼いならすことはできない。自由を愛する、探検家の卵なのです。卵なので、ちょっとしたことで割れてしまうこともあります。

そんな中の一人にS君がいます。入学して私の講義を取るそばから、「先生、こんなアイデアを思いついた」と、どんどん推してきます。アイデアは泉のように湧いてくるようです。でも、身なりにはまったく気を使わないし、寝グセ頭で大学にやってくる。機嫌も猫の目のようにくるくると変わります。上機嫌だったかと思えば、教室の隅で落ち込んでいることもあります。

S君からはそれこそ何十とアイデアを提案されました。他の人にはない感覚を持っていて、しかも途中で投げ出さない。「やっぱ、やーめた」と言わない。次々に行動をする。なので、アドバイスし甲斐がある。そんなS君の最大の強みは、そのネットワークの質と量。キャンパス内で知らない人はいなかったかもしれません。学生同士だけでなく、起業家やビジネスリーダーを含む、いろんな人とつながっています。

結局、S君は卒業して、世界的なコンサルティング会社に就職しました。え？　あれだけ起業のアイデアを提案し続けたのに、王道のコンサルに？

起業家になるために、一度コンサルとして働くことはマイナスにならない。いや、何か学び取ってやる。そんなしたたかさを感じました。世界的なコンサルに入社できたことも、彼にとっては自信の一つになっているはずです。

きっとそのうちに起業して私に自慢話を聞かせてくれるのだろうと期待しています。

卒業生でコンサルに進む学生は珍しくありません。学生の中でも大企業志向、コンサル志向、起業家志向はわりとはっきり分かれていますが、必ずしも志向通りの進路に進むとは限りません。S君と同様、どう見ても一風変わったタイプで起業家志向なのに、コンサルに進んだ学生は他にもいます。そのうちの一人B君は、入社するなり「先生、俺、合わない」と泣きを入れてきました。だから言わんこっちゃないと思ったのですが、「そこで学び残したことはないか？　嫌だからではなく、ここは卒業だと思えるか？　自己理解がさらに深まったか？」じっくりと話しました。

B君はその半年後会社を辞めて、エンジェル投資家を束ねるプラットフォームビジネスを立ち上げて躍動しています。自分がやりたくないこと、苦手なことがはっきりとわかったことで、真の自分、やりたいこと、欲望がくっきりとした例です。コンサルでの経験を経て起業する学生も珍しくはないのです。

うまく行かなくて苦い思いが残るケースも

もちろん、うまく行かないケースも多く見てきました。

M君のケースがその一つです。M君は一風変わったタイプで、私に初めて会ったときに「先生、世界を変えようと思う」と言ってきました。「何かアイデアはあるの？」と聞くと「ない。それは先生が教えてくれるんだろ？」と笑って言い返してきたことを覚えています。

そこから何度も話し、何に興味があるのか、どんなことを考えているのかを掘り出していき、「エネルギーだ」というところにたどり着いたのです。その方向性が見えてからは、ありとあらゆるエネルギー系のカンファレンスに参加し、情報収集をしていました。その結果、次世代の原子炉のビジネスを見つけ出すのです。

この段階で、一風変わったM君には、実際にビジネスを動かしていくスキルは身についていません。技術的な素養もまだまだです。そこで私の教え子のC君、Sさん、Tさんが加わり、ビジネスは動き始めました。

M君はファイターであり、エネルギッシュですが、細かいところは荒いのです。人との付き合い方も稚拙なところがありました。ビジネスが大きくなるとそういうところから亀裂が入ることも珍しくありません。結論から言うと、M君はそのプロジェクトから解雇されます。何もないところからビジネスの種を掘り出してかたちにするのはM君にしかできないことだった。しかしM君には、大人の中でしたたかに身を処す能力が足りなかった。

現在はC君が中心になって事業は前進しています。C君は起業家、経営者として大きなステップアップをすることになりました。持ち前の優秀な頭脳や柔軟な発想のみならず、ビジョナリーとしてみんなの人望を集め、今では素晴らしいCEOです。きっと近い将来、C君は、大手の誰もが知る会社で働いているM君を呼び戻すと思っています。

この本の第二章では「ビジョンは人を巻き込む」という話をしています。そして「5人の変態を集めろ」とも言っています。ビジネスは一人ではできないのです。

リーダーにはいつもフォロワーのバディがいる

もちろんみなさんはご存じでしょうが、SONYは井深大《まさる》氏とその仲間だった太刀川正三郎氏、樋口晃氏が創業準備をしているところに、井深氏と親交があった盛田昭夫氏が加わって創業します。マイクロソフトのビル・ゲイツとポール・アレン、そしてスティーブ・バルマー。Googleを創業したラリー・ペイジとセルゲイ・ブリン。日本のベンチャー企業では、ミドリムシの大量培養に成功した「ユーグレナ社」は、元銀行員の出雲充氏と研究者の鈴木健吾氏、食品事業の経験がある福本拓元《たくゆき》氏の3人で創業しています。

案外、一人で創業したというケースは少ないのです。一人で始めても早い段階で参謀が見つかっている。共同とまでは行かなくても、足りないところをサポートしてくれるバディ、あるいはチームができあがっているケースが多いように思います。いえ、そうでないと成長できないのです。

そして、多くのアントレプレナーの卵を見ていて思うことがあります。彼らは本能的にそれを知っているのではないか。そして、バディを、チームを求めているのではないか。才能ある人物は、自分にないものを持っている人を求める習性があるのではないか。

ビートルズは？　ローリング・ストーンズは？

あれだけ内輪揉めするのに、我が強いアーティスト同士で、喧嘩するだろうことはわかり切っているのに、なぜ組むのか。日本でも、解散してしまうアーティストは珍しくありません。

それでも「一人ではできないことができる！」から、組むのです。それがわかっているから、バディを、チームを求めるのでしょう。

アントレプレナーシップを教える3つ目の意義がこれなのです。そもそも起業家になろうと考える人材は多数派ではありません。心のどこかにその種を持っていても、なかなかそれが表に出ないこともあります。

それでも「起業家教育」と銘打って、講義を行っていたら、少しでも興味がある人が集まってきます。一風変わった、エネルギーに溢れる、すごいやつに出会えるのです。一風変わったすごいやつは自分にない能力を持った人に出会えるのです。彼らの刺激を受けて、それまで気が付かなかった自分の内なる衝動に気付く人だっているのです。

その場を提供すること。これはきっと「アントレプレナーシップ教育」を行っていく大きな意義なのだと思います。

誰だって、周囲の人の影響からは逃れられない

人は、自分がいる環境の影響から逃げることはできません。これはマイナスの話ではなく、プラスの影響も大きいのです。

たとえば、高校のスポーツを見てみると、伝統校という存在があります。高校野球では甲子園の常連校と言われる高校がいくつもあります。もちろん、特待生制度を活用している、スカウティングしているというケースもあるでしょうが、他にも要因はあります。実際、特待生制度もない公立高校が伝統的に強いというケースもあるのです。

それが環境要因です。たまたま、素晴らしい才能を持った生徒が入学し、全国大会で好成績を収めることができたとしましょう。するとその生徒が卒業してもそのすぐ下の後輩たちは「全国大会に出る」というイメージができています。常勝組、勝ち方を覚えていると言っていいかもし

れません。特別な才能がある選手がいなくても、そこに至る道筋を知っているので、トレーニングもイメージできます。すると、ものすごい成績は収められなくても、そこそこの成績は当たり前に収めるようになってきます。

日本の野球界では「松坂世代」という言葉があります。これは松坂大輔選手という稀有な才能を持った選手と同世代の選手たちを指しています。彼らの世代は、他の世代に対して、好成績を残した人が多いというのです。これは、松坂選手という稀有な才能が存在したおかげでそれを具体的な目標と認識し、そこに追いつき追い越そうという行動が取れたことが原因だと思われます。私がボストンにいるという縁で、地元球団であるレッドソックスの試合観戦や、直接本人と食事をする機会にも恵まれました。「風格」は「別格」、一見すると「静」なるエネルギー、でも周囲を「動」（やる気）に変換させる熱量を肌で感じました。

１９９０年代には将棋界に「羽生世代」という言葉がありました。先日、日本に帰国した際、羽生善治さんにエレベーター内でバッタリお会いする機会がありました。思わず自己紹介（エレベーター・ピッチ）をしてツーショットの写真を撮らせていただきました。きっと数年後には「藤井世代」という言葉が存在することでしょう。

人は他者からの刺激から逃れられません。だからこそ、自分にとって良い刺激を受けることができそうな場所を求める。自分にないものを、刺激を与えてくれる人を求めるのでしょう。

世界を変えるのは起業家・挑戦者だ、日本は大丈夫か？

さて、日本で1年間に起業される企業の数をご存じですか。２０２１年度の数値（東京商工リサーチの企業データベースより）では、新規法人が14万４６２２社で前年比10％以上の増加です。これは法人登記された件数なので、大手企業の分社、相続対策での会社設立など、あらゆるものが含まれています。そして、この中に、本書の主題である「アントレプレナー」による起業も含まれているのです。この数字、実は世界的にみるときわめて低い数字です。

Global Entrepreneurship Monitor（１９９９年にバブソン大学と英国ロンドン大学ビジネススクールで共同創設された起業調査）による通称ＧＥＭレポート（２０２２／２０２３年版）の「起業活動率」では、49ヵ国中、日本は「下から数えて」６番目。

わかりやすく言えば、あなたの身のまわり、友人でなくても友人の友人まで広げて、「起業した人」はいますか？

ほとんどの人は「いない」と答えるでしょう。それもそのはず、同ＧＥＭレポートによると、身の回りで2年以内に起業した人を知っているランキング、起業に対する自信ランキング、起業アイデアの機会認識ランキング、すべてにおいて日本は**圧倒的な最下位**です。

次に中小企業白書のデータです。日本の開業率は、ここ30年ほどずっと4～5％程度で低値安

開業率の国際比較

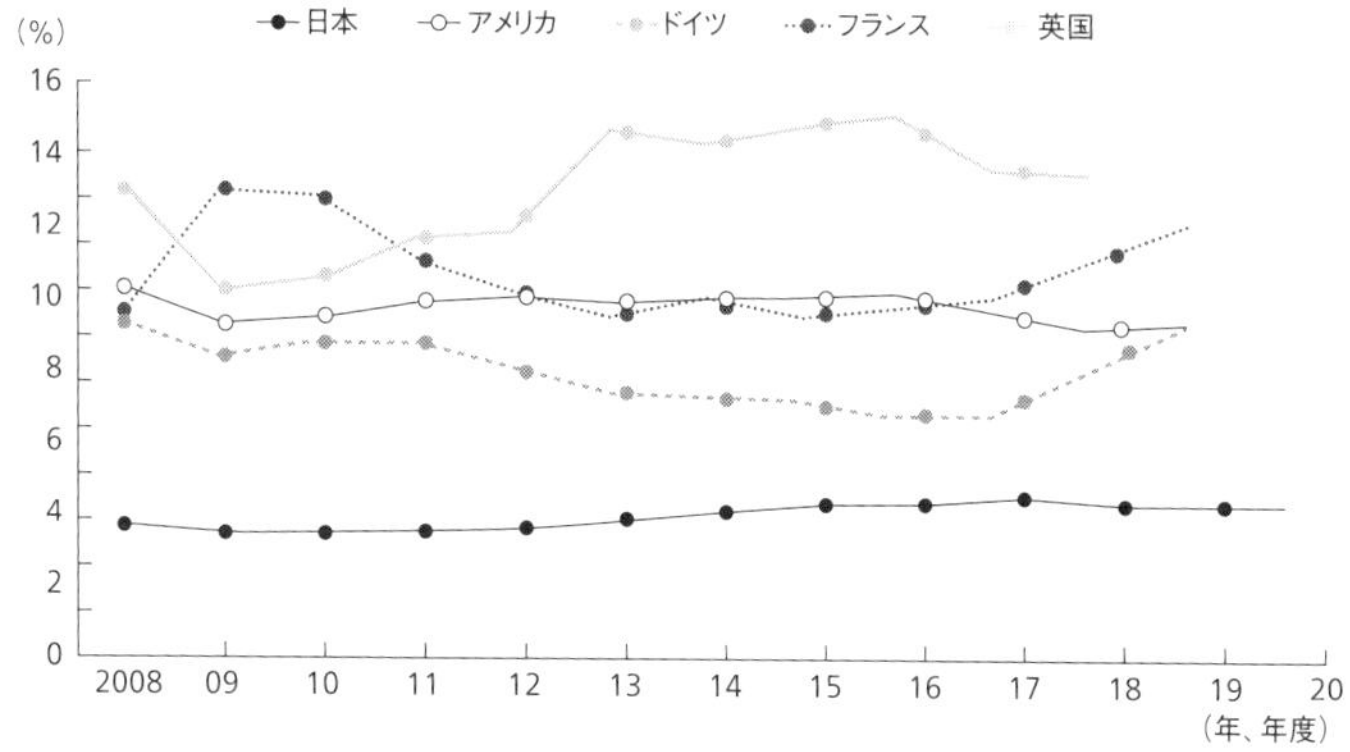

内閣府HPより

定、海外とは大きな差があります。これを名目GDPと比較すると明確な相関関係があることがわかっています。今ある大企業も、もとは「スタートアップ」、起業家が創業した企業です。5年後、10年後、50年後の社会を支える起業は、この調子では難しいかもしれません。

起業が少ないということは、将来のポテンシャルが低いと考えることもできます。少し話が逸れますが、米国において最近はIPO時に利益を出している企業が減少しており、20%以下になっています。かつては、起業し一定の利益創出と成長をしたところでIPO、創業者や創業時からの社員は、ストックオプションでひと財産得るという話もありました。今日では、短期的収益よりもむしろ、事業のポテンシャルを高める、いわば「いかに未来を創るか」が重要になっています。起業は、イノベーションは、利益のためではなく、未来を創るためのものです。だから私は起業家の育成に携わりたいのです。

今、停滞している日本経済を活性化させるには、既存企業だけでは無理だ、スタートアップが欠かせないと政府も考えているのです。

でもまだ、「起業家なんて、別世界の話だ」と思っていませんか。「だって起業家って特別な人でしょう」と。たしかに、起業家は一種特別な人です。でもその特別さは、先ほど説明した「夢」が源泉です。

「そんな大きな夢は持っていないよ」――本当に？

小学生のころ、学校で「将来何になりたい？　何をしたい？」と問われる経験をした人は多いでしょう。きっとプロ野球選手になりたい、電車の運転手になりたい、パン屋さん、お菓子屋さんになりたい、看護師さん、医者になりたい……いろんな「夢」が出てきたはずです。先生はそれを微笑ましく見ていたでしょう。でも、そこまでです。先生は、医者になる方法として「勉強しなさい」というだけです。なかには「社長になりたい」という生徒がいたかもしれません。でも、その方法は小学校では教えられません。

夢は語られるけれど、それを叶える方法には触れられない。日本人の多数は既存の企業に就職する、いわゆるサラリーで生活する、そんな意識が根付いていて、「起業」は特異なことになってしまっています。

話が戻りますが、私はアメリカのバブソン大学で「起業道」「失敗学」を教えています。そこに来る学生の大半は、すぐにも「起業したい」と考えている学生です。なかには大学に入る前に起業を経験した者も少なくありません。卒業生の20％が起業するという統計もあります。もちろん、日本からボストンまで学びに来る学生もいます。そういった学生は、日本ではある意味、異端児です。でも、起業って、そんな狭いものでもなければ、特別なものでもないはずです。

起業家精神がなければやっていけない時代が来た

Entrepreneurship（アントレプレナーシップ）は「起業家精神」と訳されます。その中身について、わが師、ピーター・ドラッカーは「イノベーションを武器として、変化の中に機会を発見し、事業を成功させる行動体系」と定義しています。ハーバード・ビジネス・スクールのハワード・スティーブンソン教授は「コントロール可能な資源を超越して機会を追求すること」、日本の辞書「デジタル大辞泉」（小学館）には「企業家精神。新しい事業の創造意欲に燃え、高いリスクに果敢に挑む姿勢」と書かれています。

もう20年以上前の話になりますが、ドラッカー、スティーブンソン、両氏とそれぞれ直接会えたのは、今こうして振り返ると、恵まれた機会であり、格別な時間でした。2人ともに共通して

いるのは「姿勢」「行動体系」に言及して、特定の能力についてはいっさい触れないということ。もうひとつ、

「事業を起こすのであって、会社をつくるのではない」

と考えているということです。

多くの社会人、学生にとって、避けて通ることができないのが「就職活動」です。実はこの言葉、少し間違いがあると思っています。

ことと日本では、正しくは「就社活動」ではないか。ほとんどの人が、仕事ではなく、会社を選んでいるのではないか。いい会社はどこだろう、自分がやりたい仕事ができる会社はどこだろう？　思うような会社が見つからなかったら、少しでもイメージが近い会社に。そして入社したら、会社が求める仕事をがんばって、まじめに勤めていく。そして、定年を迎える。

高度経済成長が続き、終身雇用が維持されたなら、こんな働き方にも一定の価値があったと思います。でも、もう10年以上前から終身雇用時代の終わりは叫ばれています。ジョブ型雇用、同一労働同一賃金、すべて終身雇用の仕組みの外にあるものです。

終身雇用は日本の伝統と思われていますが、実は、伝統というほどの歴史はありません。近代型の経済社会が日本に根付き始めたのは明治維新以降。本格的になったのは戦後といっていいで

しょう。終身雇用の終わりが囁かれ始めたのは、21世紀に入ったころでした。

つまり、せいぜい半世紀のモデルなのです。ではなぜ、終身雇用という制度ができたのか。高度経済成長で経済は右肩上がり、ものを作れば売れる時代。企業は大量生産、事業拡大の一途で、とにかく人が欲しい。正確には労働力が欲しい。そこで、「うちに入れば一生安泰だ。だから黙って働いてくれ」と、年功序列で退職まで給料が上がる終身雇用で報いる仕組みを作ったのでしょう。数十年にわたる人件費というと莫大な金額になりますが、それでも十分に利益が出る、それが高度経済成長だったのです。

バブル経済がはじけ、失われた10年、いや20年、30年と言われる時代があり、右肩上がりの経済成長なんていうものを知らない世代が多数になりました。私だって、高度経済成長は経験していません。そして、企業は、終身雇用の負担に耐えられなくなった。

だからこそ、起業家精神、「変化の中に機会を発見し、事業を成功させる行動体系」が必要なのです。高度経済成長は、拡大こそすれ変化が少ない時代でした。しかし、いまは多様性の時代、変化の時代、予想不能の時代、VUCAの時代です。昨日まで絶好調だった企業が突然傾くし、聞いたこともないスタートアップが急成長する、それが当たり前の時代です。

だから、起業しなさい、ではありません。Entrepreneurshipは「会社をつくる精神」ではないのです。私の講義を受けても、就職（就社）する学生はたくさんいます。ただ、昔のように「会社に入ればOK」という考えではなく、「会社に入ってどうするか」という考えが必要です。入社した後、Entrepreneurshipを発揮して、新企画の提案をする。会社の資源を活かして、新たな事業を生み出す。これらはどれも立派なEntrepreneurshipの実践です。日本では「企業内起業家」（イントラプレナー）という言葉もあります。

どんな場所であれ、「Entrepreneurshipを実践して、混沌とした世の中を自分らしく生きる、つまり、**自分の人生の舵取りをしろ！**」と伝えたいのです。

ビジョンを持つこと、これが起業家・挑戦者の第一歩

ほとんどの会社には「企業理念」があります。抽象的な四字熟語ひとつの理念もあれば、何ヵ条にもわたる企業理念もあります。世界的にも有名なものとしては、「Johnson & Johnson」の「Our Credo」があります。大切なのは、絵空事ではない、リアルな理念であることです。

私が見聞してきたスタートアップには、必ず「ビジョン」「ミッション」「パーパス」の3つが存在します。まず「叶えたい夢」がある。これがビジョンです。そしてビジョンを叶えるための「ミッション（なすべきこと）」があり、それをなす「パーパス（存在意義）」が揃う必要があります。アメリカの投資家は、起業家に対して、この3つについてとても重視して質問してきます。

起業家になるために必要なこと。それは一つには絞れません。しかし、「夢からはじめること」「ビジョンを持つこと」が不可欠です。技術や人材、組織、お金、それらは、後からついてきます。むしろ、邪魔になることさえあります。「儲かりそうだなぁ」と参画してくるメンバーは、少しうまくいかなくなると離れていきます。しかし、ビジョンでつながっていると簡単には離れません。起業家自身も、少々うまくいかなくてもブレることがありません。ビジョンがない起業家は、うまくいかなくなったときに土台から覆すような軌道修正をして、取り返しがつかなくなるケースもあります。

日本企業でありがちな社内起業での失敗例は、こうした「ビジョンのなさ」も一因だと考えています。「社内のこの技術を使って、新規事業を」というお題が出されるのです。目的は、「収益を生む、新たな事業の創出」です。これはこれで重要です。しかし、ここには、夢が、ビジョンがない。

会社はお金を儲けるために存在するのではない、お金はビジョンを達成するための手段に過ぎない。

イソップ童話に3人のレンガ職人の話があります。私はここにもう1名足したい。旅人が歩いていると、4人のレンガを積んでいる職人に出会います。旅人は「何をしているのか」と問いかけます。

A「レンガを積んでいるんだ」（その瞬間の作業としかとらえていない）
B「壁をつくっているんだ」（その次のステップ、途中経過に過ぎない）
C「教会をつくっているんだ」（最終形を把握しているが、その理由、目的にたどり着いていない）
D「苦しんでいる人を救う場所をつくっているんだ」（真の意義、パーパスを理解している）

同じことをしていても4人はそれぞれ、答えが違います。最後のDの職人が、私が追加した一人です。

たとえば、新素材が発明され、レンガは無用の長物となる世界では、Aの職人は何もできなくなります。しかし、Dの職人は「レンガを積むこと」は手段なので、新たな仕事に就いているでしょう。

似たようなエピソードは他にもあります。NASAで清掃員をしている人の話です。「あなたの仕事は何ですか？」と聞いたところ、「世界の真実を知る手助けをしているんだ」と答えたというのです。いや、あなたは清掃員でしょう？　といっても意味はありません。彼は、NASA

の仕事を理解し、ビジョンを理解し、それを共有しています。そのうえで自分のミッションに邁進しているのです。

私は日々、起業家と接していますが、この「ビジョン」を外から注入することはできません。しかし、ビジョンを持った人を育てることはできます。何のために自分は起業するのか、それを自覚すること、夢を、ビジョンを思い描くこと、それこそがこの時代を自分らしく生き抜く第一歩です。

ビッグEとスモールe

起業家には夢があります。それも「世界を変えたい」という夢があります。そう聞くと「そんなだいそれたことは考えていない」「そんなこと、できるわけがない」と考えてしまうかもしれません。ビル・ゲイツは、「世界中の人にパソコンを」と夢を描きました。松下幸之助氏は「日本中の家庭を電球で照らしたい」と、二股ソケットを開発しました。前者はガレージで、後者は大阪の小さな町工場で始まっています。

後から彼らの成功譚を聞くと、「そういった夢が大事なのだ」と感じられます。しかし、当時、ビル・ゲイツ、松下幸之助氏の話を聞いた多くの人は「大言壮語」だと感じたでしょう。私たちはその後の物語を知っています。だから素晴らしいと思える。しかし、世の中には大きな夢、志を持っていても、成功しない人が多い。

最近では、起業家、アントレプレナーと聞くと、「事業を起こして一儲け」、事業が育ったらバイアウトして悠々自適、のような印象を抱いている人もいます。しかし、アントレプレナーにとってもっとも重要なことは、「夢」だと断言できます。自宅のガレージから、小さな町工場から、一代で世界に名だたる企業に成長できた。製品の素晴らしさ、アイデアの秀逸さ、組織の構築、それを支える人材、成功の要因はたくさんあります。どれが欠けても今の姿はないかもしれない。でも、もっとも重要なことは「夢」です。言い換えれば、「夢」こそがEntrepreneurshipだと言いたい。

世界を変えるなんてだいそれた夢はない。そう感じる人も多いかもしれません。たしかに、いきなり「世界を変えよう」という発想にいたるには、ある種の才能が必要です。でも、小さな夢はたくさんあるのではないでしょうか。私は日常的に、多くの起業家、あるいは起業家の卵と接していますが、彼らは誰しも夢を持っています。その夢も、さまざまです。

バブソン大学に入学してきて、自己紹介の際、私に「ヘイ、プロフェッサー！　俺は世界を変えてやるぜ」と吠える若者もいます。大志を抱き、グローバルな舞台での飛躍を前提とした、ビッグE、大文字で書くENTREPRENEURSHIPを追求する者。

一方で、一見、ささやかな夢を持っている人もいます。そういった人の夢で多いのは、家族、友人といった身近な人のことを考えた夢です。たとえば、車椅子生活の友人のために、段差を難なく越えられる車椅子をつくりたい。そんな、身の回りにあるスモールeだって、立派な夢です。いや、むしろ、そういったスモールeにこそ、ビッグEにつながる源泉があるのです。この後、くわしくお伝えしたいと思います。

Entrepreneurship makes the impossible possible.
Start dreaming.
What is your vision?

第二章

行動する

Entrepreneurs take action.

なぜ日本人は行動をためらうのか

先日、帰国中に東京・虎ノ門にあるＣＩＣ東京（起業家向けのオフィスサービスなどを提供する）を訪ねた時の話です。ＣＩＣのメンバーがすっと隣にやってきてこう言ったのです。

「あ！　動くパワースポットがやってきた！」

これにはちょっとうれしくなりました。不遜な言い方かもしれませんが、私は、私に関わる人すべてに幸せであってほしいと思っています。宗教っぽかったり、哲学っぽくもあるのですが、結構本気でそう思っています。

子供のころ、孤独で自分の居場所がなかった私を助けてくれた人たちがいます。別に彼ら、彼女らが得をするわけでもないのに、縁もゆかりもない私に手を差し伸べてくれました。それで救われた存在がいます。ささやかな幸せを感じた私がいました。

人に施された恩義は、次の世代につなげていくものだという話があります。それが心の何処かにあるのかもしれません。だから、周囲の人に幸せであってほしいと、いつも考えているのでしょう。

幸せといえば、イギリスの慈善団体「Charities Aid Foundation」（ＣＡＦ）が発表している「世界寄付指数ランキング」というものがあります。寄付指数というとよくわからなくなるのですが、このランキングを構成する要素は、

1　助けを必要としている外国人や見知らぬ他人などに対してなにか助けたことがあるか？
2　寄付をしたか？
3　ボランティア活動を行なったか？

この３つを数値化しています。単純に「寄付をしている」というものではなく、「他者に対する優しさ」を計っているイメージがあり「世界優しさランキング」といってもいいかもしれません。こういう話題になるとご多分にもれずというか、２０２０年の調査では、日本は１１４ヵ国中最下位となっています。参考までにトップ10は、インドネシア、ケニア、ナイジェリア、ミャンマー、オーストラリア、ガーナ、ニュージーランド、ウガンダ、コソボ、タイです。（World Giving Index 2021）

困っている人を助けたかというランキングで堂々の世界最下位。なんていうことだ。利害関係にない人に対する優しさの向上に努めていきたい！　一方で「日本人は優しくない」と言われる

と少し嫌な気持ちにもなります。

そして、GEMレポートでは、次のような数字もあります。（2022―2023年版より）

【指標】	【日本の順位】（49の国・地域への調査による）
起業機会に対する認識	最下位
起業に対する自信	最下位
過去2年以内に起業した人を知っている	最下位
起業失敗への恐怖	11番目

起業への意識が低いのは、前章でも触れました。加えて、自信がなく、身の周りに起業家もいない。失敗を恐れているという傾向。これと「優しさランキング」をあわせてみると少し見えてくるものがあります。

日本人って、なんてナイーブなんだろう。

外国人や見知らぬ人が困っている姿を見ても、「どうすればいいのかわからない」「失敗して逆に迷惑をかけるかもしれない」、こんな「行動に移せない」姿が想像できます。優しくないわけではないのです。

行動することが怖い、自信がない、のです。

アメリカにいると、いろんな国の人の気質の話になることもあります。その中で、優しさに関わるものもあります。

道に迷って困っている人がいると、韓国人はすぐに駆け寄って話を聞き、道を教えてあげる。日本人は、どうしようかと遠巻きに見ているけれど、「助けてください」と頼まれると、道を教えるどころか、目的地まで一緒に行ってあげる。

国民性という大きなくくりで語られることに違和感もありますが、なんとなく、このイメージには納得する点があります。日本人は優しくないわけではなく、自分から行動するには自信がなく、怖がりなのです。でもいざ行動をすると、徹底している。

日本に起業家が少ないと言われる理由として、納得できるものの一つだと思います。

最初の話に戻りますが「動くパワースポット」と言われて嬉しかったのは、彼女がささやかでも幸せを感じてくれたからでしょう。ビジネスをするからには、人を幸せにしたい。関わる人を幸せにしたい。これは起業家も同じだと思います。

誰かを幸せにしたいから、起業する、のです。

誰かのささやかな問題を解決するために、また痛みを小さく、あるいはなくすために、起業する。自分と身近な人たち、家族を幸せにするために起業する。

儲かるとか、有名になるとか、そういう指標ではなく、「幸せ」という曖昧な、人によって異なるものを行動の指標にしてもいい。

もう流行り言葉でもなくなっていますが、「熟年離婚」という言葉があります。がんばって仕事に没頭し続けて、ようやく定年退職だと思ったら、相手から離婚を求められる。がんばってお金を稼いで、家族のためだと思っていたとしても、それはパートナーや子どもたちの幸せにつながっていなかったのでしょう。結果として、自分自身の幸せも壊れてしまった。

起業家でもそういう話は珍しくありません。仕事に没頭するあまり、家庭が疎かになっている人を何人も見てきました。あのスティーブ・ジョブズすら「最後に残るのは家族の愛だ」と語っています。しかも、「自分はその点を間違えた」とも言っています。

この数年、日本ではワークライフバランスという言葉が重視されています。働くばかりではない。「人生」を大事にしましょう、幸せを考えましょうということだと思います。その第一歩が、労働時間の話であり、休日の話なのです。時間がなければ自分の幸せについて考えることもできないのです。

しかし、起業家は、労働時間も休日も自分で決めます。夢中になっている事業に全精力を注ぎます。昔の私だったら、それをそのままでいいと思っていたかもしれません。でもいまは少し変わっています。

いまの幸せと5年後の幸せ、10年後の幸せ
お客様の幸せと、関係するステークホルダーの幸せと、家族と自分の幸せ

ビジネスに夢中になるのは当たり前です。それに加えて、なんのために働くのか、事業をするのか。それで誰が幸せになるのか。そこをとても大事に考えるようになりました。

大学で教える学生にもワークショップで出会う人たちにも、できれば起業に挑戦してほしいと願っています。でもそれは手段であって、目的ではないのです。目的は「**誰かを幸せにし、そして自分も幸せになること**」です。

ハンディキャップを持つ人とどう向き合うかにもそのヒントはあります。

目が不自由な方を街で見かけ、困っている様子だったらどうするのがいいのか。「大丈夫ですか?」という声掛けは避けたほうがいいそうです。誰でもそう聞かれたら「大丈夫です」と応えてしまいます。だから「何かお困りですか」「お手伝いしましょうか」とお声掛けするとよいそうです。また、前から手を引くのではなく、相手の隣に立ち、自分の肘を持ってもらい、ともに歩いていくのがもっともいいと聞きました。

これは若き起業家との向き合い方にも似ています。

こうすればいい、ああすればいい、こうすると失敗する、と前から声をかけ、指導するのではなく、隣に立ち、同じ目線で前を向いて、アドバイスをしていく。自分で歩いていくのを少しだけ助ける。それがいいのだと感じています。

日本人は失敗を恐れ、行動するのに躊躇するナイーブな人たちです。だから、同じ立場に立って、少し背中を押してあげる。そうすれば、勝手に、着実に、前に進んでいく力があります。

まず心を動かそう

2023年7月から1年間、認定NPO法人国連WFP協会（横浜市）は、公益社団法人ACジャパンの2023年度公共広告支援キャンペーンによる広告として、「命懸けの行列」という広告キャンペーンを実施しています。

世界には、飢餓に苦しむ8億人が食糧をもらうための行列を作っている。

こういう内容です。私の知人はこのＣＭについて、次のように言いました。

「世界の飢餓問題を表現する点ではとてもわかりやすい。8億人の行列というインパクトもある。けれど、スケールが大きすぎて、だから自分が何かをしようという発想にたどり着けない。自分ごとにならない」

たしかにそうかもしれません。8億人の飢餓を救えるイメージを抱ける人はとても少ないでしょう。いま世界で重視されているＳＤＧｓにせよ、たしかに大切な問題だとは理解できても、それを自分ごととして、自分に取り組めることとして認識できるかどうかは難しい問題です。

ならば私は、8億人の挑戦者を世に送り出したい。それなら、きっと世界を変えられる。目に見える誰かの痛みを感じたら、自分ならどうできるかを考え、行動できる人の背中を押し、伴走し続けたい。行動の仕方がわからない人にはその方法を、怖くてためらう人には少しの手助けを、それでも迷う人には背中を押したい。

行動することで世界は変わるのです。挑戦することで自己理解を深め、夢を実現することができる。伝える力が育まれる。その手に何も持っていなくても、夢とそれを実現したいと思う行動力があれば、なんだってできる。それがバブソン大学のカルチャーです。

いま、日本はスタートアップ支援に力を入れています。でもそれは「支援」です。支援は「行動する者」にのみ与えられるもの。行動なくして支援はありません。

頭の中で考え過ぎず、まず行動しよう

挑戦しよう、起業をしてみよう、事業を始めようという場合、多くの人は、「計画」を立てようとします。もちろんそれは大切なのですが、計画そのものではなく「計画書」の作成にこだわり過ぎるとあまりいい展開になりません。

リスクをとりながらリターンを最大化できるように、取り返しのつかない失敗は避けられるように、応援者・支援者が増えるように、つまりビジネスが成功するように計画を立てるのですが、計画書を綿密にしよう、説得力を高めようとしすぎて、作成に時間がかかり過ぎてしまう傾向があるのです。考え抜いた挙句、計画自体を止めてしまったり。

まず、行動しよう。

計画は大切です。でも、完璧な計画なんて、そもそもあるわけがないのです。未来のことなんて誰にもわかりません。いまわかることで計画を立てても、必ず修正、修正、修正を繰り返すことになります。

ただ、この修正は悪いことではありません。状況が変われば プランを最適化していくことは当たり前です。VUCAの時代、誰だって5年後どころか3年後、2年後の予測さえもつかなかったりします。計画は必要ですが、それは「修正を前提としたもの」でなければなりません。逆に、最初に完璧だと思える、詳細で細かい計画を立てていると、修正が利かなくなってしまいます。詳細なビジネスプランはいりません。いかにスタートするか、そのためのローンチプランを考えたほうが得策です。ローンチ、すなわち、「発射」するための準備で良いのです。いかにスタートするか、そのために何が必要なのか、必要最低限の情報でまとめ上げたプランが現実的です。

もう一つ、即座に行動に移したほうが良い理由があります。それは行動心理学の言葉で「**72時間の法則**」、私は“**72 hours magic**”と呼んでいます。

誰しも、素晴らしいビジネスのアイデアを思いつくとき、誰かから刺激を受けてやる気に満ちあふれているときがあります。もう、最大限に盛り上がっています。脳からアドレナリンが出まくっています。

ところが、72時間後には、それはきれいサッパリ治まってしまうのです。頭の中にアイデアはあります。「やらなきゃな」という気持ちも残っています。しかし、あの「みなぎったやる気」は消え去っています。それと同時に、大切なことを忘れてしまっています。盛り上がっていたからこそ湧いていたアイデアの詳細、大きな夢、そこに至る道筋、そんないろいろがぼんやりしたものになってしまっているのです。まるで、いきいきと動き回っていた恐竜が、動かない、乾いた化石になってしまうかのようです。

自分のアイデアを、感動を、人生の目的を化石にしない方法はただ一つ、行動することです。72時間、寝かせない。たった72時間で目標を達成はできません。だから、一つ一つ、できることから始めていくのです。

考え過ぎると、「やらない理由探し」が始まる

これは知人から聞いた実例です。

ある大企業で年間のマーケティングプランを策定していたというのですが、その会社の決算期は3月。にもかかわらず、年間プランができたのが、8月だったというのです。その翌年のプランではありません。当期の半分近くが過ぎようとするタイミングで、ようやく年間プランが決まった。

それを受けて行動する広告代理店はまず何をしたかというと「残り半年でできること」を洗い

出します。年間プランの中には「もうとっくに過ぎている、5月の行動予定」が含まれているのですから、そうなるのは当たり前です。なんと、残り半年、「今年のプランを実現できなかった理由（いいわけ）づくり」に費やしたというのです。

オブザーバーとしてそのプラン策定会議に参加していた知人は、「とにかく、メンバーのほとんどが、完璧なプランを作ろうと躍起になっていた」といいます。「このままでは、今年、有効な活動ができなくなる。まず、全体計画は未定でも、動くべきところは動くべきだ」と進言しても「それで失敗したら誰が責任を取るのか」と、聞き入れられなかったそうです。

さらに、でき上がったプランのほとんどは「前年の踏襲」だったというから、笑うに笑えません。

私は年に数回、日本に帰国しますが、帰国時に日本の大学で短期講座を開催することが結構あります。以前、東大で集中講義をしたあと、受講生がこう言うのです。

「先生、我々はやらない理由を研ぎ澄ますことに長けてきた。やらない理由を語らせれば、どんなことであれ、誰にも負けないと思う。なんて厄介な教育だったんだろう、習慣だったんだろう」

必要以上に失敗を恐れて、慎重になって、そして「やらない」。賢くて、勉強ができるタイプが陥りがちな、罠です。何もしなかったから、失点はない。減点法で考えるとこうなってしまいます。でも、加点もない。

これらは極端な話ですが、新規事業を始める際、事業計画を立てるのに時間がかかり過ぎて市場環境が変化してしまっていたという話は珍しくもありません。「先行事例がない」「先行投資を回収する目途が立たない」「必要な人材が集まる保証がない」など、どんなプランでも、不安材料はあります。その不安＝リスクを最小限にすることは重要ですが、それはゼロにはなりません。ゼロにならないことを理由に「やらない方向」に思考が向いていってしまいがちなのです。

Post-mortemに対してPre-mortemという言葉があります。日本語に直訳すると「死後と死ぬ前」という物騒な言葉になってしまうのですが。前者は医学的には死後観察、死因の鑑定。後者は死ぬ前の観察ということになります。この言葉は、アントレプレナーシップや失敗学では、死後、つまりプロジェクトが失敗した後に理由を特定するのではなく、プロジェクトの開始時点など、失敗する前に「失敗したことにして、原因を割り出そう」とするプロセスをいうものです。

プロジェクトのキックオフ時にいきなり「本日、このプロジェクトは失敗した、原因は何だ?」と始めるわけです。いきなり「縁起が悪い」と思うかもしれませんが、事前に懸念点をピックアップしていくのです。

本来は、懸念点に対して対策を用意しておくためにやるものです。リスクは可視化された段階でリスクではなくなります。ところが、日本企業でこれをやると、「懸念点」が「やらない理由」にすり替わってしまい、あまりにも失敗する理由が多くリストアップされるため、意気消沈、ひどい場合はプロジェクト中止ということになってしまう、ということもあるようです。

下手の考え休むに似たり

こういう言葉がありますが、「休む」どころか「後退」、下手な考えは「アイデアを、事業を殺し」ます。

石橋を叩いて渡るという言葉もあります。事前に「勉強」をして、結果、この言葉のように橋を渡ればいいのですが、結局、渡らない。中には「石橋を叩いて壊す」などと冗談めかして言われることもあります。逆に「知らないからこそ」チャレンジできることもあります。

もう一つ、知人のエピソードを紹介します。プロ経営者として、DELL、Lenovoで要職を歴任、ハイアールアジアの再建に尽力した伊藤嘉明氏です。彼がソニー・ピクチャーズ エンタテインメント時代、あのキング・オブ・ポップ、マイケル・ジャクソンの遺作となった『THIS IS IT』のＤＶＤが発売されることになりました。

日本支社のベテランたちの判断は「30万枚、よくて35万枚」という販売予測。しかし、伊藤氏は「100万枚はいける」と直感的に感じたそうです。ちなみに日本での映像ソフト売上ではスタジオ・ジブリの『千と千尋の神隠し』は累計600万。これが当時の日本歴代トップの販売数でした。

日本支社の幹部が出した予想数値は、綿密に「どの販売店で●枚」と積み上げられたもので、説得力がある数字だったそうです。しかし、世界ナンバーワンのマイケル・ジャクソンのラストDVDがたった30万枚なのか？　という気持ちが消えず、「ならば売る場所を増やせばいい」と考えます。

当時はいまほどネット通販が強くはなく、DVDのほとんどはリアルな店舗、つまりCD、DVDショップで売れていました。そこで伊藤氏は、スポーツジム、ダンススタジオなどで売ることを思いつき、実行します。マイケル・ジャクソンの楽曲はミュージックビデオ人気も高く、またそのダンスも大きな魅力でした。そのファンはスポーツジムでエアロビクスを習っていたり、ダンススタジオに通っていたりするだろうという推測です。古参の社員には、思いつきもしない策でした。音楽のDVDは、CDショップで売るものなのですから。

販売先の開拓には、伊藤氏に賛同した若手社員が動きました。その結果、マイケル・ジャクソンの『THIS IS IT』は230万枚という、伊藤氏の予想さえはるかに超える大ヒットを記録したのです。これは伊藤氏が、エンタメ業界の常識に囚われなかったこと、そして直感的に「マイケル・ジャクソンが30万枚？　そんなばかな」という感触をいだき、それを大事にしたことの成果だといえます。

スモールスタート、ビッググロース　反復が事業を強くする

では、闇雲に行動に移せばいいのかというと、これもまた違います。

できるだけローリスクで、小さなことから始めるのです。せっかく大きな夢を抱いているのに小さなことから始めるのか、と思うかもしれません。

ここで先ほどの72 hours magicを思い出してください。小さなことをショートタームで、どんどん進めていくのです。それも、大きな夢を見つめながら。大きな目標に対して、そこに至る過程を小さく分解し、一つずつ積み重ねていく。

一つひとつの行動について、リスクは最小限に抑えます。そこで成功しても失敗しても、得られるものは必ずあります。プランを考えている間、すべてはあなたの頭の中だけにあります。しかし、小さな行動でも実際にアクションを起こしていけば、そこには実践で得られた学びが入ってきます。現実を取り入れていく。失敗から学び、プランを修正し、より強固なものにしていく。学びとは行動からしか生まれません。そして、反復から人は成長します。たくさんのスモールスタート、そこから大きな学びを得て、大きな成長を実現していくのです。

小さなことからコツコツと。

私の好きな言葉です。

スモールスタートというと、「初期投資を抑えて、失敗したときの傷を浅くする」という印象がありますが、ここでは違います、目的はあくまでも学びの最大化です。小さなことから大きな学びをもぎ取る習慣をつけるということです。これを繰り返すことで、実践的な学びを得ることが可能になります。

キーワードは、**ROL**。ビジネスパーソンであればすぐピンとくる指標の数々、**ROI**、**ROA**、**ROE**ではありません。**"Return on Learning"**です。一歩一歩の行動から、いかに質の高い学びを得ることができるか。学習の頻度と質を高める、これが本質にあたります。

一人で考えないで、人の話を聞け

熟考してから行動する、十分に学んでから行動する。一見、正しく聞こえます。また、一般的には正しいのかもしれません。でも、Entrepreneurshipの観点からは、「それよりも、まず行動しよう」といつも教えています。

Action trumps everything!

行動はすべてに勝る。

ローンチプランを考えたら、まずいろんな人に見せて話を聞いて回るという行動を起こす。とにかく、フィードバックをもらう。なんだか「いいんじゃない」みたいな薄い反応もあれば、やたらと持ち上げてくる反応、細かいことを指摘してくる、思いもつかなかった課題を指摘してくる、新たな視点を提示してくれるなど、一人や数人では思いもつかない発見がそこにはあります。それを得て修正し、また見せて回る。おそらく、起業家の最初の「対外的な行動」はこれでしょう。

失敗してはいけないと思うと、事前準備を完璧にして周囲に見せたいところですが、それでは先に指摘した通り、時機を逸したり、そもそも堂々巡りに陥って構想が頓挫したりすることのほうが多いのです。完璧な企画書、試作品なんて存在しないと割り切って、「本当に伝えたいこと、見せたいこと」だけに絞ったローンチプランでスタートしたほうがよほど成功に近づきます。

システム開発で、まったくバグがないシステムなんて存在しません。MicrosoftのOfficeやWindowsだって、リリース後にバグの修正を繰り返します。

バグがあってもいいとは言いません。しかし、バグゼロにこだわると、そもそもサービスをリリースできないのです。あるゲーム業界の開発担当者は、自分が関わったゲームの発売日を「〇万人によるデバッグ（バグを洗い出す作業）開始日」と自嘲気味に言っていたことがあります。彼はもちろん、バグがゼロに近づくように最大の努力をしています。それでもゼロにはならないと考え、ユーザーからバグの報告が来たら即応する体制を用意しているそうです。

先行き不透明な時代だからこそ、過去から未来を予測しろ

今の時代、過去に成功した方法が次にうまくいく保証なんて、そもそもありません。だからこそ、これから起こり得ることを予測する未来予測は必須なのですが、問題は「予測は外れる」ということです。

外れるなら意味がないじゃないか、と言われそうですが、あらかじめ「これをやったら絶対に駄目」「これは成功確率が高い」といった予測もなしに行動するのは無謀というもの。野球のバッターボックスに立って、次にピッチャーが何を投げるのかわからないからといって、目をつぶってバットを振るような話です。

私がよく伝えるのは「Learn to Unlearn」です。忘れることを学ぶ。過去の成功事例も、失敗経験も適度に忘れる。

「そのアイデア、昔やって失敗したんです」

「それなら、前にこのやり方でうまくいきましたよ」

ものすごくよく聞く会話です。過去の経験を忘れることはとても勇気がいります。いい経験は忘れがたいし、失敗もトラウマになって心に残っています。過去の成功体験を忘れるということは、勝ち筋を捨てることです。失敗したことを忘れるということは、過去の負け戦にもう一度、挑むことにつながります。


ただし、そこにこそ進化があるのです。

ここで必要なのは「起業家的思考に基づくクリアクション」です。クリアクションとは、「創造（クリエイション）」と「行動（アクション）」を組み合わせた造語で、未知の状況に対応する方法のことです。

その基本は、「まず自分から踏み出すこと」です。そこから起こるさまざまなリアクションは、すべて自分の行動から起こっています。アクションしたからこそ、リアクションがあり、それに対応していくことができる。

つまり、少し未来を知ることができる。これを繰り返すことで、未来予測の精度が上がっていきます。自分から動いていないと、リアクションも起きません。水面はきれいに凪《な》いだままです。何も起こらないから、何もわからない。過去から未来を予測し、自ら行動することで未来を作り上げていく。これこそ、起業家に求められる行動です。

『不思議の国のアリス』の著者、ルイス・キャロルは次のような言葉を遺しています。

Everything's got a moral, if only you can find it.

（どんなことにだって、教訓はある。問題は、それを君が見つけられるかどうかだ）

行動のモチベーション、ビジョンを持つ

行動するには、モチベーションが欠かせません。この本を読んでいるあなたは、少なくとも「挑戦すること（例：起業）」に興味がある。もしかしたら、もうどんなビジネスをしようか具体的に頭にあり、この本を読んで行動しようと思っている。

または、なんとなく、やってみたいビジネスがあるけれど、まだまだぼんやりとしている。あるいは、就職活動をしているけれどなんとなくしっくりこない。大企業の中で新規事業やコーポレートベンチャーを起こしている真っ最中かもしれない。もしかしたら、頑張って働いているけれど、先行きに不安があるなんていうこともあるかもしれません。

これは有名な話ですが、スポーツジムでの筋トレにしても、ただ単純に筋トレを続ける人と「筋トレ後の姿をイメージして、筋トレをした人」では、その効果に差があったそうです。トレーニング中に「いま、このトレーニングはこの筋肉に効いてますよ」と具体的に教え、意識させると効果が上がることもわかっています。

大事なことは、この「イメージ」です。筋トレで「こんな姿になるんだ」「○○ができるようになるんだ」「いま、上腕二頭筋を鍛えているんだ」と具体的なイメージを持つことで効果が上がります。

同じように「いま、この行動によって、自分は何を実現しようとしているのか」を明確にしておく必要があります。ここでポイントになるのが第一章で触れた「夢」です。

お金儲けをしたい、でもいいのですが、それは、きっと結果です。夢が実現した結果、お金が手に入るだけ。

あるいは、お金は夢の実現に向けた燃料です。あなたが叶えたい夢こそが、モチベーションの源泉になります。その夢を叶えるために何が必要なのかを考える、これが夢を現実化させるために必要なステップ化の作業です。ロードマップづくりといってもいいでしょう。最終的な夢にたどり着くために、そこに至るステップを分解していきます。誰もがよく使う、「乗換案内」みたいなものだと考えればいいでしょう。目的地にたどり着くために、どのポイントを経由していくのか、絶対に通過しなければいけないポイントもあれば、迂回できるポイントもある。思いもよらない別ルートがある場合もあります。それらを見て、まず「どのルートを取るか」を決定します。

これはもちろん、後から変更してもいいのですが、「まず何をやるのか」を見極めるのです。

先にも紹介したルイス・キャロルは『不思議の国のアリス』の作中でこんな言葉を書いています。

If you don't know where you are going, any road will take you there…

（どこに行きたいかわからなければ、どっちの道へ行ったって間違いにはならないさ）

まず何をやるか、目的が定まっていなければ、何も判断できません。どっちに行ったらいいのかわからないどころか、「何を基準に決めればいいのか」がわからないのですから、迷子になるだけです。

ビジョンがなければ、モチベーションも持てず、何をすればいいのかもわからない。

夢があるなら、小さな一歩でもいいから、まずそこに向かって踏み出すことが重要です。

そもそも、ビジョンって何だ？

そんな夢、ビジョンなんて、思い浮かばないという人もいるかもしれません。しかし、自分ごととして考えてみれば、そんなことはないはずです。

よく新聞に掲載されている健康食品の広告では「実母が体調不良で悩んでいるのを見て、なんとかしてあげたいと思った」と商品開発の経緯をうたっています。ある電動車いすの開発者は、年を取って、車いすを動かす手の力が衰えた方の「もう出かけられない」という声が耳から離れなかったそうです。

グーグルのラリー・ペイジは、自分自身がネット検索をしているとき、欲しい情報になかなか行き当たらない、まったく関係ないページが検索上位に表示されていることを嘆き、「自分以外にも同じ不満を持っている人はたくさんいるんじゃないか」と考えました。

世の中には、いまもたくさんの「不平」「不満」「不便」「不自由」があります。その中には、ふだんは気づかず、見過ごしているものもたくさんあるはずです。

たとえば、この数年で大きく話題になった「子ども食堂」です。地域に根ざして、子どもたちに食事を提供するサービスですが、この提唱者は、「孤食」という問題に気がつきました。核家族、鍵っ子という現象は昭和の時代から話題に上っていました。両親と子どもの3人家族、両親は共働き。いまでは当たり前の光景です。

その対策として、放課後教室という、放課後に子どもたちを預かるサービスもあります。しかし「食」の問題は手つかずだった。家に帰ってレンジでチン。それを一人で食べる。「孤食」です。ここには、寂しい、かわいそうだという以上の問題が内包されています。

コミュニケーションが取れない、栄養が偏りがち、食べる量が多くなる、あるいは少なくなる、基本的な食事マナーが身につかないなど、子どもの成長にまつわる多くの課題が指摘されていたのです。そこで、「子ども食堂」で食事を提供し、集まって食べてもらう。残念ながら、コロナ禍で活動を自粛していた団体もありましたが、日本中で子ども食堂が運営されるようになっています。

もっともっと身近なお話。ショッピングモールをはじめとする数多くの商業施設や駅、公共施設でこの10年で大きく様変わりしたものがあります。

トイレです。子ども向けのトイレ、小さな子を連れた親向けのトイレ、授乳室を併設したものなど、工夫されたトイレが増えています。また、人工肛門・人工膀胱を使っているオストメイトの方向けトイレ、車いすの方が使える多用途トイレの設置も当たり前になっています。

これらのケースで解決したかった問題に共通するのは、当事者の「痛み」です。肉体的な痛みのみならず、むしろ感情的な心の痛み。自覚できる痛みだけではありません。ちくちくと心にささくれがある状態。しかも、「それでしょうがない」と諦めているような、小さいけれど、無視できない痛み。

車いすを使っているんだから、不便で当然。
人工肛門だから、苦労して当たり前。
両親が共働きだから、食事は一人で取るしかない。

これは当たり前なのかどうか。問題の核には「痛み」があるのです。これを見つけられる、共感できる人が、ビジョンを生むと思っています。先日、（株）リクルート主催の高校生Ring Award（全国123校2万5000人を超える応募者の中から選ばれたファイナリストによるピッチ大会）に審査員として参加しました。「半径5メートルの身近な気づきが世界を変える」というテーマ、まさにこれです。

私はいつも学生に対して「社会への共感」「当事者意識」を持てと言っています。痛みを知り（共感）、その痛みを自分の痛みだと認識する（当事者意識を持つ）。そして、その痛みを「解決する側」に立つ。不平不満の声に加勢するのではなく、身をもって行動する。傍観者にならない。**Empathy (and compassion), not sympathy.** これが共感と憐れみとの、大きな違いです。

誰しも最初は見つけられません。気がつきません。テレビで「世界で貧困に苦しむ、十分な学びを得る機会がない子どもがたくさんいる」と訴えられても、かわいそうだと思い、募金しようかなと思うだけ。そこからもう一歩踏み込んで、「では、どうすればいいんだろう」「何をすればそれが解決できるんだろう」「自分だったら、どうしたいだろう」と自分ごとにしていく、それが共感力です。世界の貧困問題をなんとかしたい！　の前に、僕の友達のジョニーはご飯を食べられない日がある、彼を救いたい！　と考えるようになる人もいるでしょう。

そういった思いが、解決側に立ち、行動を起こすことにつながるのです。

他の人の痛みを想像し、共感し、自分の痛みとして感じることができる。

その痛みをなんとかしたい。どうすればいい？

そこにビジョンが生まれるはず。だから、解決策が生まれ、それを実行することができる。

ビジョンは人を巻き込む

夢、それを実現するビジョンは、アントレプレナーに不可欠なものです。それは、起業家が進む道筋を示す羅針盤であり、事業を進める原動力でもあります。そして、人を巻き込む力にもなります。

起業は一人ではできません。いえ、起業の準備中は一人かもしれませんが、事業を展開し、拡大していくには、一人では無理です。仲間が必要になります。起業し、事業を展開していくには、さまざまな才能が必要です。たとえば、ゼロから1を生み出すことと、1を100にすることは違います。実は、日本人はそのことをずっと昔から知っています。

石ノ森章太郎氏原作のテレビ番組「秘密戦隊ゴレンジャー」の放送開始は、1975年のことです。なんと半世紀も前になります。いま、現役で働いているいわゆる「労働者世代」のほとんどは、物心ついたころから、「戦隊もの」に触れて育ってきています。

個性豊かで、それぞれ得意なことが異なるメンバーが、一つの目的に向かって力を合わせることの大切さ、一人ではなく、複数の人の力を活かすことの重要性を子どもたちに説いてくれています。

多くの人が経験しているだろうスポーツも同様です。スポーツでは個人競技は少数で、多くはチームで戦います。それぞれのポジションがあり、異なる役割を担うのが普通です。いいえ、個人競技でも同じかもしれません。一人の選手を支えるスタッフがいて、仲間がいます。専門的なスタッフがいない学生スポーツでも、仲間の存在は重要です。

仲間の重要性は、実体験だけでなく、ドラマや映画、漫画などで繰り返し日本人の心に刷り込まれています。

少し上の世代なら、毛利家の逸話を聞いたことがあるでしょう。有名な戦国武将、毛利元就は、老年に達し、世代交代を意識したとき、3人の息子たちを集めて話します。有名な3本の矢のエピソードです。1本では簡単に折れる矢も、3本束ねれば折れない。兄弟で力を合わせよと教えるのです。

起業、ビジネスでも、同じです。私はよく「5人の変態を集めよ」と言っています。ここでいう変態は、一般的に知られる意味ではなく「**変**化を常**態**とする人」です。いかに優れた才能を持つ人でも、「いまのままでいい」「チャレンジしたくない」という人は、起業に向いていません。「変化に前向きな人」、少なくとも「変化することに抵抗がない人」であることが必要です。

ファイル共有サービスのDropboxの創業者、ドリュー・ヒューストンの言葉を紹介します。

〝あなたの価値は、自分と一緒に過ごす人の5人の平均値で決まる〟とよく言われます。

少しだけ考えてみて下さい。

あなたのサークルにいる5人は誰ですか？

彼は、MIT（マサチューセッツ工科大学）在学中から、起業したいと考えていましたが、なかなか行動に移すことができないでいました。しかし、彼と同じアパートに住む、同じMITの卒業生の二人組が起業するというのです。そして「投資家にヘリコプターに乗せてもらう」と外出したというのです。

「彼らはもうスーパーボウル（アメリカンフットボール・NFLの年間最強決定戦）に出ている。しかし、自分はドラフト（新人選手選抜イベント）にもかかっていない」

そのショックから彼は猛烈に行動を始めます。

「自分に刺激を与えてくれる人と一緒に過ごすということは、自分に才能があることや一生懸命に仕事をすることと同じくらいに大切である」

こう、ドリュー・ヒューストンは言います。

ではどうすれば、そういった人が集まるのか。そして、自分が考えるビジネスに賛同し、仲間となってくれるのか。

まず「狼煙《のろし》を上げる」ことです。

あなた一人の頭の中にあるビジネスには、誰も参加できません。

「私はこういうビジネスを起こしたいんだ」「こういう夢がある」「こんな痛みをなくしたいんだ」と声を上げるのです。それは、投資家へのピッチの席かもしれない、食事の席かもしれない、友人と話しているときかもしれない。あるいは、シェアオフィスの共有スペースで、起業家の卵が集まるイベントで、場所はどこだっていいのです。

まずは、声を上げること。自分はこんなことを考えているんだ、これを実現したいんだと狼煙を上げる。旗を立てるのです。

そこに人を集めるのは、「ビジョン」です。夢です。あなたの夢に共感できたら、ビジョンを共有できたら、人は集まります。だからこそ、「共感できるビジョン」でなければならないのです。

一歩、踏み出せ

人が増えると素晴らしいことが起こります。

推進力が生まれるのです。

一人では実行できなかったことも、仲間とならば前に進むことが増えていきます。起業家がゼロから生み出した1が、仲間によって2に3に、5、10、100へとうねるようにムーブメントを起こしていきます。

スポーツを見ているとよく「流れが変わった」という言葉が出てきます。試合の雰囲気、主導権を持っているチームが変わること、まだ負けていても逆転への流れができてきていることですが、これを「モメンタム」といいます。「推進力」のことです。事業において、モメンタムを生み出すのは、人と人のつながりにほかなりません。

さて、先ほどの戦隊ものですが、必ずそのメンバーの中に「リーダー」がいます。リーダーとは組織に不可欠な存在です。では、そのリーダーの役割とは何でしょうか。

誰よりも率先して動くこと
メンバーの声を聞き、その声を組織に反映させること
メンバーの関係を調整し、働きやすい環境を作ること

どれも大切ですが、必ずしもリーダーでなくても、それを実行することはできます。そういったこととは別に、リーダーにしかできないことがあるのです。

ビジョンを示すこと

組織の羅針盤となり、その針が指す方向を示すこと、すなわち北極星の提示です。そして、そこに進むという強い意志を常に見せていくこと。

これがリーダーに求められる、そしてリーダーにしかできないことです。前に進むモメンタ

ム、ムーブメントも、ビジョンが示されていなければ行き場を失います。

「そんなリーダーシップなんて、自分にはない」と思うかもしれません。

でも大丈夫。人を引っ張り、先頭に立って進むような一般的なリーダーシップはそれほど重要ではありません。真のリーダーシップは、フォロワーが生み出すからです。

あなたのビジョンに魅せられて集まった5人の変態は、それぞれまた別の5人の変態を呼んでくるでしょう。これでプラス25人。その25人がまたそれぞれ5人の変態を呼んでくる。これで100人を超えます。

ここでは、フォロワーがフォロワーを生み出していきます。そのためには優れたリーダーではなく、「優れたビジョン」があることが重要なのです。

真に優れたリーダーは、「最初に火をつける」のです。起業家とはその火つけ役です。まずは火をつけるという行動を起こす、そこにビジョンを示す、ついた火を大きくしていくムーブメントを起こせる仲間を巻き込む。

これが起業家の行動なのです。起業家はまず行動する、狼煙を上げる。

そのために必要なものとは？

情動。心を動かせ。

すべての行動は、心を動かすためにあるのです。ビジネスでお金が、製品が、サービスが動きます。そして、本当に素晴らしいビジネスならば、「心が動き」ます。

行動が情動を生むのです。そして、心が動いたからこそ、次の行動が生まれるのです。怖くてもいい、失敗してもいいのです。行動すれば、ちゃんと成果を出せます。

私はその手助けをしたい。結果として起業に結びつかなくてもいい。行動あるのみです。その先に心が動く。

さぁ、始めましょう。TAKE ACTION!

一歩、踏み出せ。

第三章

失敗する

Entrepreneurs embrace failures.

人生に失敗なんてない――身をもって教えてくれる教え子たち

これまでも「失敗は恐れるものではない」「失敗はマイナスではなく、むしろ次に生かせる糧になる」「失敗には必ず価値がある」と説いてきました。私の教え子でも失敗を経験している学生はたくさんいます。

私が学生向けのゲストスピーカーとして何度も呼んでいる卒業生がいます。E君です。エネルギッシュで、調子がいいときはもう向かうところ敵なしの無双状態。学生の前でも景気が良い話をどんどんぶちあげてくれます。ところが、少し調子が悪いと「起業なんてするもんじゃないぜ」とどんよりした様子で話をしてくれるのです。それはそれで、私は聴講している学生に「いろんなことがあるんだよ」という実例として学びを促しています。

こんなふうに彼を呼ぶことができるのは、彼は少々のことでは潰れない、落ち込んでも、フラストレーションが溜まっても、仮に事業が大失敗して倒産しても、また立ち上がってくることがわかっているからです。E君は大学在学中の起業を含め、6社のボードメンバー、VC（ベンチャーキャピタル）などを経て、現在も新たなベンチャー企業のファウンダーCEOとして飛躍し続けています。

別のケースでは、どちらかというと優等生タイプでおとなしい女性Aさんのアイデアで起業が始まったのですが、どうにもおとなしい。すると、いわゆる陽キャ丸出しの別の学生J君がコーファウンダー（共同創業者）として参加し、ビジネスを回し始めました。一見、うまくいっているように見えたのですが、二人の意識の違い、ビジネスに対する姿勢の違いが目立ち始めて、分裂してしまいました。

Aさんは別のパートナーC君とまったく違うビジネスを始めます。一方J君のほうは、いまは世界を巡るバックパッカーになっています。行動力が優先された感じです。それでも、事業をやるわけではないのですが、SNSなどで自己発信をして、いわばセルフプロデュースを熱心に行って、その筋では有名人になっています。

この二人は「失敗してもこうなるのか！」と驚いたパターンです。

他にも家族総出でお金を出して起業した教え子M君もいました。私も協力して資金調達に尽力したのですが、なかなかうまくいかず、頓挫してしまいました。すると家族ぐるみだったこともあり、もうぐちゃぐちゃの状況に陥ってしまいます。

そのとき私がした手助けは、彼はイギリス国籍だったのでイギリスの倒産法に照らし合わせていかに被害を小さくするかというアドバイジング。私にとってもつらく、切ない体験でした。いくらうまくいきそうだと思ってもうまくいかないときはある。救いたくても救えないときだってある。そういう覚悟ができたエピソードでした。付け加えると、彼はいま、皆が入社を夢見るGAFAMの一社で活躍しています。きっとまたチャレンジすることでしょう。M君はそういう人物です。

うまく行かなかった話は景気が悪くなるのであまりしたくはなかったのですが、必ずしも成功するケースばかりではないということ、それに、もう一つお伝えしたかったことがあって、ご紹介することにしました。

それは、「彼らは失敗なんてしていない」ということです。だって、世界的なコンサル会社に入社したり、別の事業を起こしたり、GAFAMで活躍したり。あんな逆境から、そんな新天地に至れるのか？　というところにいると報告してくるのです。いえ、逆ですね。偶然ではなく必然。失敗があったからこそ、学びや自信を身につけることで、「そういう会社で」飛躍できるということです。

そのバイタリティ、いえ、底力には脱帽せざるを得ません。彼らだって、失敗したとは思っていないでしょう。

彼らはフェニックスなのです。

天才、異才、過去の起業家の「いい話」に騙されるな

第一章でも言及した、松下幸之助、本田宗一郎は、日本では伝説的な経営者となっています。彼らは多くの人から高く評価され、尊敬され、その言動はさまざまな学びを与えています。

ところで、なぜそこまでこの二人は日本人に人気が高いのか。あるいは、スティーブ・ジョブズの「ガレージから創業した」「ＩＢＭに門前払いを食らった」というエピソードがなぜ語られるのか。

そこにあるキーワードは「苦労」です。

始めたビジネスがうまくいかないとき、多くのアントレプレナーは助言を求めます。そこで多くの日本人の先達はこう答えるのではないでしょうか。

「もっとがんばったら？」

これは、もっと苦労しなさいという言葉に言い換えることができます。

私は、あまり「がんばれ」とは言いません。むしろ「あまりがんばりすぎるな」(work smarter

not harder）とアドバイスします。うまくいっていない理由は何か、それを明らかにして、その解決に集中しろと。

「がんばれ」という言葉は素晴らしい言葉です。しかし、その言葉で思考停止に陥ってはだめです。がむしゃらにがんばる、やみくもにがんばる。これでは、どんなビジネスもうまくいかない可能性が高まります。松下幸之助が薄暗い町工場で苦労していたのは事実です。しかし、彼の成功は「苦労したから」ではありません。スティーブ・ジョブズだって、ガレージで起業したから成功したのではありません。

起業時に苦労はつきものです。多くの起業家と話をしてきましたが、結構な頻度で彼らから「毎日がジェットコースターのようだ」という言葉を聞きます。事業そのものもそうでしょうし、人生もそうでしょう。

ただ、それが苦労と受けとられると問題があります。「ただの苦労」が毎日続いたら、誰だって耐えられないのです。ジェットコースターというのもポイントで、大変だけれど「楽しい」のです。毎日「今日も宙返り級の変事ばかりだったな、でも明日もジェットコースターに乗りたいな」と思って床につき、朝目覚めたら「今日は何が起こるかな」とワクワクする。どんな起業家も、創業時にはたくさんの苦労に直面しています。でも「苦労を苦労と思わなかった」、これが真実ではないでしょうか。

日本人はというと語弊がありますが、多くの人は「苦労話」が好きです。「苦労は買ってでもしろ」という言葉もあります。苦労してそれを乗り越えて、成功する。また災難がやってきて苦労してそれを乗り越える。歯を食いしばってがんばる。物語として面白い。

映画やドラマでも同じです。ロッキー・バルボアは陽の目を見ない、ロートルに片足を突っ込んだ、貧乏なボクサーです。彼は苦労して、チャンピオンに挑戦する。苦労人がエリートを叩きのめす。たしかに爽快感があります。いわゆる「スポ根」といわれるジャンルの映画、漫画、ドラマは多くがこの構造をしています。無名の選手が有名エリート選手に挑んでいく。そのために、特訓という名の苦労をする。その姿に多くの人は感動する。

「苦労したから成功したわけではない」

起業家の中には「苦労を苦労と思っていない」人が圧倒的な割合を占めます。「仲間集めは大変じゃなかった？」「他の会社から横やりが入って大変だったよね」「投資家にボロクソに言われて落ち込んだでしょう？」、そう聞いてもケロッとしているのです。

「だって、いい人は自然と集まりますから」

「横やりが入ったところでやることは変わらないので」

「ボロクソに言われても、他に理解してくれる投資家と話せばいいので」

言葉にすると頼もしい限り、という話ですが、きっとそこでは苦労しているのです。しかし、当人はそれを苦労だと思っていない。もちろん苦労しなければならないとも思っていない。

成功した起業家は、苦労を苦労と思わず、むしろ楽しんでいます。まるで、ゲームで目の前のミッションを一つ一つクリアしていくように。ゲーム感覚というと誤解を招くかもしれませんが、本気で楽しく取り組んでいるのです。

第二章でも登場したDropboxの創業者、ドリュー・ヒューストンは、母校であるMITでのスピーチで次のように語っています。

こう考えてみると、〝最も幸せで成功している人たち〟は〝自分の好きなことをしている人〟というわけじゃないんです。

〝自分にとってのチャレンジを攻略することに夢中になっている人〟で、その人にとっては、それがとても大切なことなのです。

そんな人たちは、〝テニスボールを追いかける犬〟に似ています。

そんな人たちの目は狂気を宿しているほどです。リードを振り払って、駆け出し、何があっても、ボールを追いかけます。私の友人にも、たくさん働いてたくさんお金を稼いでいる人はいます。

でもみんな、仕事机に縛られているみたいだと愚痴をこぼします。問題は、多くの人が、すぐには自分のテニスボールを見つけられないということです。

彼は、人生における成功のヒントについて「テニスボール」「サークル」「３００００」の３つのキーワードで語るのですが、そのテニスボールのエピソードがこれです。テニスボールは自分が本気で取り組めること、いわば夢です。それがあれば、それを追いかけ続けていくのは、夢中になれることです。いくらお金が稼げても、夢がなければ楽しくないし、愚痴が出てしまう。

ビジネスに苦労はつきものです。ただ、しなくてもいい苦労はしなくてもいいですし、苦労を楽しめる姿勢が重要なのです。夢中になれることがあればいい、それは楽しむことにつながる。別に、他人から「あの人、苦労して成功したんだよ、いい話だね」なんて言われる必要はまったくないのですから。

事例病

私は、その名の通り「失敗学」をバブソン大学で教えています。

誤解してほしくないのは「失敗しない方法」ばかりを教えているわけではありません。そんなマニュアルがあれば教えてほしいくらいです。むしろ逆です。授業のタイトルは"Failure is Good"（失敗って最高）。

どのビジネス本でも「PDCA（Plan〔計画〕、Do〔実行〕、Check〔確認〕、Action〔対策〕）を回せ」だの、「トライ&エラーを繰り返していく」などといいますが、これらの言葉、取り組み方は「失敗」を前提にしています。完璧で失敗しないプランなんて存在しないからPDCAを回して、精度を上げていくのです。何度も挑戦してエラーの原因を洗い出すのです。

知人のエピソードを紹介します。プロマーケターとして数百社のビジネスについて調査してきた里田実彦《みつひこ》氏です。彼は「事例にこだわる会社は、結局何もしない」と言います。そうした会社では、社内に新しいシステムを導入する、新しいビジネスを始めるというときに、「これ事例あるの？」「他社ではどうやってるの？」という声が必ず出てくるそうです。そこで、担当者が似た事例を見つけ出して提示すると、「ここがうちの会社と違う」「企業規模も違うし、商材もこれが違う」と突き返されると言います。

「結局、彼らは〝絶対にうまくいく保証〟を求めている。そんなものはないという事実には目もくれない」

この「事例病（と彼は言っていました）」は根が深く、この病気にかかった人が意思決定者の中に一人でもいると、その会社は何もできなくなります。すべては、成功した他社の後追いになるのです。「ＰＤＣＡを回せ」「トライ＆エラーだ」「失敗を恐れるな、チャレンジ精神だ」という口で、「事例は？」と聞いてくるからたちが悪い、とも言っていました。

失敗は恐れるものではありません。むしろ、みなさんには積極的に失敗してほしいと思っています。わざと失敗する人なんていません。成功すると思って全力でぶつかっても、失敗するときはします。というか、圧倒的に失敗します。

「なぜ失敗したか」を分析する

“Anticipate, tolerate, and embrace Failure.”

失敗することは当たり前だと予期し、失敗したならばそれを許容し、真摯に受け入れて、むしろ失敗を奨励する。私は、起業家に限らず、あらゆるビジネスパーソンはこうあるべきだと思っています。

失敗しちゃだめだ

この思考が、すべてを停滞させます。社内起業で失敗したら出世の道が絶たれる。新規事業に失敗したら投資家から出資してもらったお金が返せない。もう、次に出資してくれる人がいなくなる。

そんなことはない、と断言します。それくらいで出世の道が絶たれる会社なら転職すればいい。あるいは独立して起業すればいい。一度や二度の失敗で出資しなくなるなら、別の投資家を探せばいい。借金？　返せます。

社内起業にせよ、自己起業にせよ、起業したいと思ったからには、夢があるはずです。その夢は、一度や二度の失敗で諦められるものでしょうか。むしろ、失敗を糧に、より強力なプランとして練り直して、前に進むべきです。

科学者は実験をして「思うような結果が得られなかった」場合、次のように考えます。

「この方法ではうまくいかないのだな。どこに問題があったか考えよう」

思うような結果が出ない＝失敗ではなく、「この方法ではうまくいかないことがわかった」と考えます。そこで、ＰＤＣＡを回して、実験を繰り返していくのです（その結果、どうやってもうまくいかない場合は、この仮説は間違っている、にたどり着きます）。

トーマス・エジソンは次のような言葉を遺しています。

私は実験において失敗など一度たりともしていない。これでは電球は光らないという発見を、いままでに２０００回してきたのだ。

実際に、科学は膨大な実験、その失敗の上にでき上がっているといえます。結果がわからないからこそ、実験するのです。

アメリカに『AIR CRASH INVESTIGATION』という人気テレビ番組があります。日本でもＣＳ放送で『メーデー！：航空機事故の真実と真相』という番組名で放送されています。

この番組は、実際に起こった航空機事故を題材としています。冒頭で事故発生の状況を描写し、その後、事故を分析し原因を明らかにしていく過程を描きます。一種の推理ドラマのような構造です。

この番組でほとんどのエピソードに登場するのが、アメリカの国家運輸安全委員会（ＮＴＳＢ）です。世界中の航空機事故のエピソードに登場する組織です。アメリカの航空機メーカーが製造した機体が事故を起こしている、事故を起こした航空会社がアメリカにも路線を持っている、この2つのうち、どちらかが満たされれば、NTSBの出番です。中にはこの2つとも満たされていなくても、あえてNTSBに調査を依頼するケースもあります。

それは、世界中でも圧倒的な事故原因究明に関するノウハウを持っているからです。この番組で明らかにされる航空機事故の原因は多種多様です。パイロットのヒューマンエラー、機体の欠陥、整備不良、気象条件、テロ……、事故調査で驚くべき原因が明らかにされていきます。

NTSBは「事故原因の徹底的な調査」だけを目的にしていません。番組の最後には、原因が判明した後、再発防止のためにNTSBがどのような行動をしたかが知らされます。機体の欠陥であれば、当該機体の運行停止、改良の勧告、整備不良やパイロットのヒューマンエラーならその背景を調べ、同様のことが起きないように航空会社に勧告します。たとえば、パイロットが超過勤務で疲労していたことが原因であれば、搭乗シフトを緩和し、搭乗前の体調チェックを厳格化するといった具合です。計器が見間違えやすいという結論が出れば、計器の改良で視認性を上げるだけでなく、パイロットにも見間違うことがないように研修を強化します。

「二度と同じ原因で事故が起きないように」、これがNTSBの信念だとわかる番組です。

失敗は決して珍しいことではありません。大なり小なり、誰でも失敗の経験はあるはずです。その失敗に蓋をしないことが重要なのです。

失敗を分析すれば、原因がわかります。原因がわかれば、対策が取れます。多くの経営者、起業家は、失敗したことを「実験」と語ります。「この方法ではだめだとわかった」、というわけです。着目するのは失敗から得ることができた、学びという名のポジティブなエネルギーです。

これこそまさに「失敗の価値」なのです。

失敗しなければわからないこともある

先ほど例に挙げた「事例病」にかかっていると、とにかく、行動できなくなります。それは「事例の中から成功した理由」を探すからです。

成功の理由はさまざまです。天の運、地の運、人の運というほどに、多様な条件が重なって成功しています。その条件を一つに絞ることなんて無理ですし、再現することも困難です。

何よりも、ただ同じ条件を揃えたからといって、成功するとは限りません。なぜならば「時」が違うからです。成功例があるということは、先行者がいます。そこで同じことを繰り返しても、もはや条件が異なっています。

よく、失敗から学べ、と言われますが、多くの場合、それは「他人の失敗」から学べという話です。それに加えて、私は、自らの失敗から学ぶべきだと考えています。わざと失敗するのはお勧めしませんが、当たり前にビジネスに取り組むと、失敗も当たり前に起こります。

マーケティングの世界でも、失敗は当たり前です。その確率を減らすために、全力で頭を使っています。その知識の源泉こそ、過去の失敗です。

そもそも、マーケティング施策でAという方法とBという方法がある場合、どちらが正解なのか、効果が上がるのか、「やる前にわかるはずがない」のは当然です。誰も未来予知はできません。誰にでも「それは失敗するだろう」とわかるようなことは、過去に先人が山のように失敗してきたことであり、そもそも選択肢となり得ません。だから、普通、マーケターは「ＡＢテスティング」をします。ＡとＢ両方を実行してみて、どちらがより効果が出るかをたしかめるのです。「正解は市場が決める」ということです。

「過去にこうやったら失敗した」経験はもちろんですが、その失敗の理由を分解して整理できていると、「改善」ができます。過去に失敗したものでも、その原因を排除し改善すれば、成功に至る可能性があります。

失敗したからといって捨てるのではなく、分析することが重要です。科学的な視点、手法でビジネスに取り組むことは、失敗を失敗に終わらせないということを意味します。多くの優れた起業家、経営者は、失敗を実験結果の一つと認識します。

投資家（インベスター）は、失敗を評価する

意外に思うかもしれませんが、アメリカの投資家（インベスター）は失敗した起業家を評価します。彼らが聞くことは、なぜ失敗したのか、何を学んだか、そしてどう改善して次に生かしたのか、です。ここでは「失敗した起業家」ではなく「経験を積んだ起業家」と認識されるのです。むしろ、失敗していない初めての起業家のほうが、厳しい目にさらされます。経験値がないわけですから。

What was the "value" in the failure?

失敗には必ず価値があります。だから、バブソン大学では「MVF（Most Valuable Failure）」として、壮大なイベントを実施して、失敗を祝福します。もう、アカデミー賞のレッドカーペットばりに「もっとも過激な方向転換だったで賞」などと、茶目っ気たっぷりに表彰します。表彰されたほうも壇上で誇らしげに自分の失敗を語ります。真面目に「あそこで判断ミスしました、次からはしません」なんていうコメントはありません。むしろ、失敗を自慢します。失敗の質によって大賞が決まるのですから。

「ヘイ、俺はこんな失敗をしてやったぜ。お前らにできるか？」
「何よりも、この失敗を起こすのに携わってくれたすべての関係者に感謝です」

そう、失敗なんて、笑い飛ばせばいいのです。

日本の一般企業では社内起業での失敗は出世の道が絶たれ、「失敗した人」とマイナスに評価されがちです。しかし、失敗は必ずしもそんなネガティブな側面ばかりではありません。むしろ「この方法ではうまくいかなかったのだ」と成功への布石だと考えるべきなのです。

複数のアメリカの投資家は、起業家のプレゼンテーションのディテールにはあまり固執しないといいます。事業計画なんて修正されていくし、将来像なんて市場環境でどんどん変わっていく。描いた計画通りに成功する保証なんてない。

これはプレゼンする企画に意味がないということではありません。解決する問題や、ビジョンは大事です。その上で、彼らは、起業家そのものを見ています。この企画は儲かるのかではなく、「この人物は信頼できるのか」です。

信頼というと抽象的に感じるかもしれませんが、ちゃんとコミュニケーションが取れるか、聞く耳があるか、質問に対して的確に答えを返してくるか、そして「過去の失敗から学んでいるか」などが総合されて「信頼」になります。

中には失敗を繰り返して何度もプレゼンをしている起業家もいます。相対する投資家も「君の話なら投資する」と企画の中身はそっちのけで投資を決める人もいます。もちろん、何度も何度も失敗続きでは不利でしょうが、失敗そのものよりも「失敗を隠すこと」「失敗から学ばないこと」がマイナスに捉えられています。

いわば、過去のビジネスの失敗は、戦歴です。武勇伝（Failure is a token of pride）でもあります。だからMVFのイベントでも誇らしげに語るのです。あなたなら、戦場に出たことがない新兵と、何度も負け戦を経験しているが生き残っているベテラン、どちらと一緒に戦場にいきたいですか。私は間違いなく後者です。

失敗することが悪いのではなく、失敗から学ばないことが悪いのです。失敗こそ、学びの宝庫なのですから。

失敗から生まれた大成功

先に天の運、地の運、人の運と書きましたが、誰にも制御できない理由でビジネスが失敗することもあります。誰がコロナ禍を予想できたでしょう。この影響で失敗したビジネスは、それこそ星の数ほどあるでしょう。逆もあります、コロナ禍で想定外にヒットしたビジネスもあるわけです。

これこそ天運でしょう。天運がなかったからだめではないのです。ならば、またチャレンジすればよい。なぜだめだったか、天運がつかなかったのか、分析するのです。

日本でも、失敗は成功の母といいます。

たとえば、抗生物質の元祖であるペニシリンは、病原菌の培養実験中、片づけを忘れて休暇に出てしまったことが原因で発見されます。休暇から戻ると培養皿の中で、青カビが混入した皿だけ、病原菌が繁殖していなかったのです。病原菌の繁殖実験でコンタミ（異物混入）があったのですから、これは実験失敗のはずです。これを単なる実験の失敗と考えず、「なぜ、この皿だけ病原菌が繁殖していないのか」に着目したことから、ペニシリンが発見されます。

また、３Ｍという世界的な企業があります。社名は知らなくても「ポスト・イット」という商品名を知っている人は多いでしょう。この「貼って剝がせるメモ」は、世界中で活用されています。この商品は失敗から生まれました。誤って、剝がれやすい接着剤を開発してしまったのです。この段階では、これは単なる失敗にすぎません。ところが３Ｍの開発担当者はここで考えたのです。「剝がれやすい接着剤の使い道」を。これが「ポスト・イット誕生秘話」です。

考えてみてください。「世の中にないもの」を考えることはとても困難です。でも、ヒントがあれば違います。接着剤といえば「くっつくもの」であり、接着力が命。誰も剝がれやすい接着剤なんて考えません。それができてしまった。

普通はそこで破棄処分。しかし、それを活用することを考える。これが「失敗を失敗に終わらせない思考」だと思います。価値ある失敗、Most Valuable Failureにつながっていくのです。ちなみに3Mの企業文化は「果敢に挑戦し、進んで失敗し、そこから学び、商品開発に活かす」ものだといいます。だとすれば、ポスト・イットは偶然生まれたのではなく、必然の産物だったといえます。

ED改善薬として知られるバイアグラですが、もともとは狭心症の治療薬として開発されていました。しかし、治験を繰り返した結果、狭心症にはまったく効かないことがわかります。しかし、被験者のコメントに「EDが改善した」というコメントがいくつもあったのです。

狭心症とは関係がないコメントなので、普通は無視するでしょう。それを無視しなかった。狭心症には効かなかったという失敗だけに目を向けるのではなく、他の部分にも目を向けた。その結果、バイアグラはいまでは世界的なヒット医薬品です。

失敗の中に埋まっている価値を引き出す、新しい価値を創造する。いま、世界に溢れている商品は、そうしたから生まれたのです。

失敗から生まれる方向転換

失敗から学ぶことで、成功につながるというケースには、方向転換のケースもあります。ペニシリンやポスト・イットのように失敗が次なる成功へのヒントになることもありますが、違う道を探る、方向転換することで成功に至るということも十分に有り得るのです。

古い高校野球ファンなら「星稜対箕島」というとピンとくる人がいるかもしれません。1979年の夏の甲子園大会の3回戦で、石川県代表の星稜高校と和歌山県代表の箕島高校がぶつかりました。両校とも一歩も引かず、試合は延長戦に。12回に一度、星稜高校がリードするも、その裏に箕島高校が追いつき、試合は続きます。当時は、延長は18回までというルールだったのです。そして、16回表にまた星稜高校が1点リードします。

その裏のことです。簡単に二死となり、最後のバッターと思われた選手は一塁ファウルフライを打ち上げます。万事休すかと思われたそのとき、一塁手は足を取られて平凡なフライを落球してしまいます。そして、試合は続き、その打者はホームランを放ってまた同点に追いつくのです。その試合は18回裏に箕島高校がサヨナラの得点をして勝利します。

この16回裏にファーストファウルフライを落球した選手。彼は長くこの試合を引きずっていたと言います。野球もやめ、普通に就職をしますが、引っ込み思案な性格になってしまっていたそうです。

しかし、あるとき、取引先の人から「あのときの一塁手だよね」と話しかけられました。その話題を避けたいと思っていたそうですが、自分の考えとは違い、責められることもなく、大変だったねと過度にねぎらわれることもなく、ただ「いい試合だった」と話が盛り上がったそうです。そこではじめて、自分の失敗、エラーではあったけれど、そこまで気に病むようなものではないんだと感じられたそうです。

それ以降、彼は営業時のよもやま話として「あのときの一塁手、私なんです」と自分から話すようになり、明るい性格に変わったと言います。営業成績も向上したそうです。

これは、失敗したからといって過度に落ち込む必要はなく、それを生かす方向に考え方を転換したほうがいいという一つの教訓かもしれません。他にも元スポーツ選手が大けがで選手生命を絶たれた後、トレーナーに転身、同じようなけがをする選手が出ないように力を注ぐという話もあります。

本当の失敗とは、挑戦しないことだ

27歳で補正下着ブランドSpanxを立ち上げ、その14年後にはフォーブス誌で史上最年少のセルフメイド女性ビリオネアとしてランクインした、サラ・ブレイクリー氏がいます。彼女がSpanxを立ち上げる前、ファックスなどの事務機器の訪問販売をしていたことは有名です。それ以前は、父の仕事だった弁護士に憧れ、弁護士試験を受けるものの2度も落ちて弁護士の道を断念。ディズニーランドで働きますが、グーフィーの着ぐるみに入りたかったのに、身長不足で乗り物の案内係に配属。

当時のことをサラは次のように述べています。

「私はきっと間違った映画に出演しているんだわ。なんでこんなことが起こったの？　こんなの私の人生じゃないでしょ？」なんて思っていたのを思い出します。「監督を呼んで、プロデューサーも呼んで。カット。こんなの違う」と大声で叫んでいました。

——CNN Moneyより

これだけ思うように人生が運ばなければ、卑屈になってしまうかもしれません。しかし、サラは土台が違いました。素晴らしい父の教えがあったのです。

子供の頃、父はよく私と弟に「今日はどんな失敗をした？」と聞いてきた。おもしろい質問だなと思っていた。そして、父は私たちの失敗を歓迎したの。1週間、失敗することがなければ、父はとてもがっかりしていた。私はよく「パパ！　これをやってみたけど、全然できなかったよ」と話した。すると父は私にハイタッチして、「よくやったね！」と言ってくれました。

——Business Insider Japanより

失敗したことを褒め、むしろ失敗しなかったこと、挑戦しなかったことを残念がっていた父の教えが染みついていたのでしょう。サラは、失敗の経験を生かして、起業したのです。ディズニーランドで働いていたとき、白いパンツに下着が透けて嫌だったことから補正下着を思いつき、ファックスの営業で断られることに慣れきっていたサラは、ダメ元で大物テレビ司会者に商品を送りつけて強引に売り込みます。その司会者はサラの生み出したSpanxを絶賛し、全米にその商品が知られるようになったのです。

まさにシンデレラ・ストーリーですが、これは運によるものではなく、「失敗を恐れず、挑戦した」からこその成功なのです。

ピッチは失敗の宝庫だ

日本でも有名なMBA、経営学修士。取得するためにアメリカのビジネススクールに留学する日本人も珍しくありません。ビジネススクールでは徹底して、ケーススタディを繰り返します。過去の事例を紐解いて、徹底的に学ぶのです。その現場では、成功したケースだけではなく、失敗したケースも学びます。

私は、Entrepreneurshipを教えているので、少し手法が違います。徹底的にピッチを行います。ピッチとは、1分、3分、5分、10分という短時間で自分のビジネスをプレゼンするものです。

ピッチは、起業家を目指す学生なら、誰しもがやるものです。当たり前のように日常的にやります。何度も何度も繰り返します。自分のアイデア、考えた事業に対して、共感を得ることを目的とします。ピッチを通じて共感を得て、自分に足りないリソースを何とか提供してもらうのです。

私も夏休みに日本に帰国すると、日本の大学で集中講義を行い、学生に事業アイデアを練らせ、ピッチさせるというプログラムを実施することがあります。

たった数分でビジネスを紹介しきれない？

そんな短時間で練った企画なんて、穴だらけのはずだ？

まず優れたアイデアなら、短時間でも伝わります。その秘訣については伊藤羊一氏の名著『1分で話せ』（SBクリエイティブ）から学んでください。どんなビジネスプランにも穴はあります。完璧なプランなんて見たことがない。まして短時間で考えたプランなんて穴だらけで当たり前です。では、なぜピッチを重視するのか。

失敗してもらうためです。学生のピッチは失敗をする実験場です。企画の内容、話し方、どれ

郵便はがき

料金受取人払郵便

小石川局承認

1116

差出有効期間
2024年9月9日
まで

112-8731

東京都文京区音羽二丁目
十二番二十一号

講談社
第一事業局企画部
ノンフィクション
編集チーム 行

★この本についてお気づきの点、ご感想などをお教え下さい。
(このハガキに記述していただく内容には、住所、氏名、年齢などの個人情報が含まれています。個人情報保護の観点から、ハガキは通常当出版部内のみで読ませていただきますが、この本の著者に回送することを許諾される場合は下記「許諾する」の欄を丸で囲んで下さい。

このハガキを著者に回送することを 許諾する ・ 許諾しない)

TY 000077-2208

愛読者カード

今後の出版企画の参考にいたしたく存じます。ご記入のうえご投函ください（2024 年 9 月 9 日までは切手不要です）。

お買い上げいただいた書籍の題名

a　ご住所　〒□□□-□□□□

b　お名前《ふりがな》

c　年齢（　　　　）歳

d　性別　1 男性 2 女性

e　ご職業（複数可）　1 学生　2 教職員　3 公務員　4 会社員（事務系）　5 会社員（技術系）　6 エンジニア　7 会社役員　8 団体職員　9 団体役員　10 会社オーナー　11研究職　12 フリーランス　13 サービス業　14商工業　15自営業　16農林漁業　17主婦　18家事手伝い　19ボランティア　20 無職　21その他（　　　　　　　　）

f　いつもご覧になるテレビ番組、ウェブサイト、ＳＮＳをお教えください。いくつでも。

g　最近おもしろかった本の書名をお教えください。いくつでも。

をとってもだめなことのほうが多い。でも、何がだめだったか、身をもって知ることができます。レスリスクで失敗できる数少ない機会なのです。だから、私はピッチを重要視します。この本を読んでいて、すでにビジネスプランが頭にある人は、それを誰かにピッチしてみてください。そこで得られるものはきっと役に立つはずです。

「大事なアイデアを人に話したら盗まれるかもしれない」

大丈夫です。盗まれるリスクよりも、そこで得られるベネフィットのほうが圧倒的に上回ります。

失敗を非難する組織は成長できなくなる

第四章で詳述しますが、企業の寿命は30年、それ以上生き残った企業では社内起業が行われ、主事業が変わっているものです。これができるのは、「失敗を認められる企業」、もっというと、「失敗を奨励する企業」です。失敗を恐れる企業、失敗をマイナスと捉え、それを非難する企業では社内起業は起こりません。起業できるような人材は流出してしまいます。

では、どのような組織が失敗を認め、奨励し、イノベーションを起こせるのか。これは組織の話だけではなく、起業家自身にもいえることになります。

それは、失敗の原因を究明することは重視しても、失敗の責任は問わないこと、です。失敗の原因は明らかにしなければなりません。そこから発見もあれば、次に活かせる教訓も出てきます。しかし、担当者のせいにして責めたりしても、何も生まれません。生産性はゼロです。それよりも、どんな失敗からも「価値」を見出すこと、次につながる「正のエネルギー」を探求することが大事です。スポーツの負け試合も、ゲームセットの仕方によって、明日につながる終わり方というものがあります。


ある銀行でシステム障害が発生しました。その銀行では担当者に処分を下しました。世間に対して、それを公表し、経営陣も減給したと発表しました。

これで「責任を取った」というわけです。ですが、障害の原因についてはまったく究明されません。だって、責任は取ってあるのですから、それ以上は何も必要がないというわけです。そもそも、処分された担当者に本当に責任があったのかも検証されません。結果、システム障害がその後も頻発することになります。

――実はこれはたとえ話なのです。相当昔に思いつき、前著でも書いたものです。ところが、いま、この話を読んだ多くの人は、ある特定の銀行が頭に浮かんでいるでしょう。

たとえ話にするくらい極端な例、ある意味「そこまでひどい話はないよ」と思える話にしたつもりだったのですが、現実は、残念ながらもっとひどかったようです。くだんの銀行では、障害が起きたら「原因を究明して、再発防止」をするのではなく「犯人を探して責任を取らせる」ことに主眼が置かれてきたのではないでしょうか。これでは、明日につながりません。

銀行もデジタル化が進み、さまざまな新サービスが生まれていますが、先の銀行はどうやらその分野で遅れを取っているようです。金融業界はどちらかというと保守的で、変化しにくい業界ですが、その中でもとくに動きが鈍いのは、想像するに相当「失敗を認めない文化」が根づいていたのではないでしょうか。

これに関連して、日本語特有のある表現について、少し書いておきます。それは「不具合」です。なかなか象徴的な言葉で、「不具合」とは、「本来、求める状態ではない」「うまくいっていない」けれど、「不良」「失敗」ではないのです。本来の機能をまったく発揮していないならそれは「不良」であり、失敗なので直すべきものなのですが、「不具合」ということで失敗を認めず、その真の原因を明らかにしません。

大手のシステムやアプリでも同じです。明らかなバグ、ミスを指摘すると「仕様です」と回答されることの何と多いこと。「バグです」「ミスです」と回答すると、すぐに対応しなければならないし、場合によっては補償が発生するかもしれない。だからミスだと認められないのです。

経営側が、ミスをしないように、と徹底することでミスの数が減るのか？　実は減るのはミスの報告数のようです。個人、企業組織の別を問わず、往々にしてミスは起こるものです。それを奨励し、価値を見出し、イノベーションにつなげるか、それを隠蔽し、あるいは責任をとる人だけを決めて蓋をするのか、その先、明暗がはっきりするのは当たり前です。

３Ｍのポスト・イットこそ、失敗から価値を見出し、イノベーションにつなげた好例でしょう。

失敗の原因を自分自身に求める

自ら起業しようと考える人は、ある意味、普通の社会人とは違います。ほとんどの人は、会社に就職し、組織の中で生きていきます。それはとても大変なことで、才能も必要ですし、その仕事なくして、社会は成り立ちません。

一方で、アントレプレナー、起業家は思考回路が違います。世界を変えてやろうという夢がある。それを実現しようと現実に動く意志がある。そしてもう一つ、大切なポイントがあります。

謙虚さです。

起業家はある意味、傲慢だという印象があるかもしれません。それくらいの個性、パワーがないとやっていけないというイメージもあります。たしかにそういった起業家もいます。しかし、私は、謙虚さは重要なポイントだと思っています。

謙虚さは、周囲の声に耳を傾けることにつながるからです。そして、失敗の原因究明にも謙虚さを持ってあたります。周囲の意見も聞くので、より正確に原因を見つけることができるでしょう。

そして、その原因を自分に結びつけます。他者のせいにしない。まず、自分に原因があると考える。部下が起こした失敗でも、それを自分が防ぐことができたのではないかと考える。防ぐ工夫ができたのではないか、どうやれば防げたのかと考える。

これは謙虚だからこそできる思考です。２００人以上の失敗経験者をサンプルにした調査では、失敗の原因は自分にあると考える人のほうが、２回目以降の起業の成長率が上がっているという結果が出ています。これは前回の失敗から学び、次回に役立てていること、そしてその効果が出ていることを示しています。

手塚治虫の『火の鳥』では、火の鳥は何度も蘇ります。炎の中から、生まれ変わるという表現をされています。起業家も同じです。燃え盛る炎、その灰から何度でも立ち上がります（"Rising from the ashes"という私の共著論文のタイトルはここからヒントを得ています）。これは起業家にとっては当たり前のことであり、過去の実績からはっきりわかっています。

失敗に折れない。それが起業家です。

一歩、踏み外せ

この企画はどうすれば成功するだろうか？　どこを直せばより良い企画になるだろうか？　このやり方で成功するのだろうか？　もし失敗したらどうしよう？

そう、起業前の悩みはつまるところ「失敗しないかどうか」です。しかし、先に述べたように、失敗は恐れるものではなく、むしろ歓迎すべきものです。

ならば、やるしかないはずです。

ホスピスで終末期の患者ケアをしている人が書いた本があります。患者さんから本当に数多くの話を聞くそうです。その中で後悔していることの話も多く聞くといいます。それらには共通項があるそうです。

「〇〇すればよかった」
「なぜ、あのとき、〇〇しなかったんだろう」

自分の行動だったり、誰かに何かを伝えられなかったことだったり、さまざまな後悔のほとんどが「〇〇しなかった」というものだというのです。

それだけ「やらなかった後悔」は根深いのでしょう。一方、やって失敗した話は、武勇伝として話されるケースが多いと聞きます。

だから、私は学生たちにいつも言っているのです。一歩、踏み出せ。

これは第二章でお伝えした通り。これにこの章では、もう一つつけ加えます。

失敗してもいい。いやむしろ、失敗できるんだ。

夢があるなら、踏み出せ。そして、踏み外せ。

一歩踏み出せ、踏み外せ。

第四章

囚われない

Entrepreneurs think and
act outside the box.

Oxymoron：あらゆるものには「二面性」がある

ビジネスパーソンや受講生と会話していると「それってノーリスクではないですよね」などという話が出てくるときがあります。うまくいくかいかないか、教えてほしいというようなケースもあります。

はっきり言えば、「リスクは必然」です。絶対にうまくいくとわかっているビジネスなんて存在しないし、リスクがない行動もありません。「どうしたらいいですか？」に対して、一般論で答えるのは簡単ですが、まだやってもいないことに対して「面白そうだ」「いけそうだ」「こういうリスクがありそうだ」という話はできても「絶対うまくいく」なんてスパッと回答できるはずがないのです。できるならば、誰しもとっくに億万長者になっているでしょう。

古いマンガで白土三平氏の『サスケ』がありますが、アニメ版のオープニングナレーションは「光あるところに影がある。まこと栄光の影に数知れぬ忍者の姿があった……」で始まります。成功の陰には必ず失敗があります。それで当たり前なのです。

『マクベス』では「きれいは汚い　汚いはきれい」という3人の魔女の台詞が有名です。これは原文では「Fair is foul, and foul is fair.」となっており、「良いことは悪いこと、悪いことは良いこと」と訳しているものもあります。あらゆる物事は、一面的に「良い／悪い」と分けることはできない。どちらの側面も持ち合わせているのです。

日本を代表する芸術家の岡本太郎氏は、芸術の3原則を次のように述べています。

芸術はきれいであってはいけない。
うまくあってはいけない。
心地よくあってはいけない。

『マクベス』の「きれいは汚い　汚いはきれい」に通じるのか、光が当たっても影もできないようなものは、「ないのと同じ」とでも言っているようです。良い面と悪い面が2つあるのが当たり前、二面性が当たり前ならそれが際立っているほうが良いとでも解釈されそうです。

ダイナマイトだって、土木工事に欠かせない重要な発明です。それまで不安定で事故が多発していたニトログリセリンが改良され、安定運用できる、しかも爆発力が増した爆薬、それがダイナマイト。人類社会の発展には欠かせないアイテムです。しかし、一度戦場に持ち出されると、大量虐殺を可能とする兵器になります。

ロケットだって同じです。大陸間弾道弾の技術は、宇宙へ人類を運ぶロケットとまったく同じ技術です。旧ナチスドイツで弾道ミサイルの研究開発に携わったフォン・ブラウン博士が戦後、米国に渡ってＮＡＳＡのロケット開発に関わった話も有名です。

良いところと悪いところがあり、それを理解したからと言って、悪いところだけをなくすことも難しいでしょう。なぜなら、良い悪いは、立場によって（正義のありかたともども）変わるからです。

多面性の話――俯瞰して物事を見ればいいというものでもない

バブソン大学のエグゼクティブ・エデュケーション（起業家や経営者、ビジネスリーダーのための教育プログラム）では、参加者が目隠しをするものが多くあります。

たとえば、不確実性の高い世の中を生き抜くための起業家的思考や行動法則を学ぶもの。クラスルームの、ある入り口から、反対側にある出口まで、目隠しをした状態で、ゴールまでたどり着く時間をチーム同士で競い合う。もちろん障害物であふれている教室の中をです。

どうするか？

いくら考えても正解には至らない。時間が経つばかり。とにかく一歩を踏み出してみないと。

赤ん坊のように一歩一歩ハイハイをしながら、目の前にあるものを手探りで把握しながら、周りのチームメンバーの話をよく聞きながら、刻一刻と状況を理解しながらゴールに向かう。

もう一つ、紹介します。これまたチームで行うものです。メンバー全員に目隠しをした後、それぞれに「あるもの」の部分を触ってもらい、それが何かを当ててもらう、というゲームです。

1人目は頭の上を触り、「皿のようだ」と言います。
2人目は背中の甲羅に触れて、「亀に違いない」と言います。
3人目は手先・足先に触れて、「ガチョウ？　鳥の水掻きのようだ」と言います。
4人目は腕に触れて、「人？　細い気はする、骨格的には子供じゃないか？」と言います。

そうです、正解は河童（の人形）です。ユニコーンやアルマジロなどを使うこともあります。多くの場合、ここから「部分だけでは全体像を正しく認識できない（木を見て森を見ず）」や「情報共有・コミュニケーションの重要性」という結論に落ち着くことが多いようです。このアクティビティ、結構な確率で盛り上がれます。

「そのとおりだ、物事の全体像を把握することが大切なんだ」

「ものごとには光と影が常に同時に存在する。両面を、かつ立体的に把握することが大切なんだ」

こういう反応です。それはまったくもって、正しいのです。しかし、参加者たちは「自分が触れているのは、そのもののほんの一部である」と自覚しています。となると、「自分が触れているものがすべてだと思いこんでいる」という仮定とは変わってきます。

単純に「ものごとの両面を捉えましょう」「全体像を見極めましょう」という教訓ではなく、「自分が見ているものは、もしかしたら〝部分〟かもしれない」という仮説をそもそも持つことが大事です。同じものを見ているはずなのに、違う感想を持つ、意見を言う人は、自分とは異なる部分を見ている可能性がある。ならば、それは「反対意見」ではなく、参考にするべき重要な情報です。

そして、「自分が見ているものをより把握せよ」なのです。

そもそも、ビジネスに限らず、世界が丸ごと見えている人なんてどれほどいるのでしょう? 自分が始めたビジネスだって、思わぬトラブルが発生することも、逆もありえます。もっと言えば、将来のことなんて、すべて把握できるはずがない。全体を見ているつもりが、実はほんの一部しか見えていないということは、珍しい話ではないのです。

だからこそ、何人もの「違うところを触る人」が必要なのです。彼らがそれぞれ見ている点は共有されることで線になり、面になり、立体にまでなっていくでしょう。多面的なものの見方が必要だと言われるのは、これが理由だと、私は思っています。

たとえば宇宙の研究など。宇宙は広すぎてそのすべてを観測することは不可能でしょう。巨大な宇宙望遠鏡を用いても、ほんの一部しか見えません。夜空に見える範囲を全体だと考えるとしても、細部はまったくわからない。それでは宇宙の姿は捉えられない。だから、研究者は「徹底的に細部を研究」しているのです。その細部の研究から推論を組み立て「宇宙の成り立ち」を推測しているのです。

触れることができるほんの一部を徹底的に突き詰めることで、全体を推測もできるのです。そもそも、全体が見えていると思うほうがおこがましい。

無知の知という言葉があります。

知らないこともあります。ならば知ろうとすればいい。わからないこともあります。ならばわかっていることから全力で、仮説を立て、検証を繰り返せばいい。

どんなに情報を持っていても、それだけでは何にもできません。わずかに観測できる宇宙の情報から、ビッグバン以前を知ろうとする研究者。そこで大切なのは「意志の力」です。

起業を考えるとき、恐れが生じることがあります。自分は何も知らないんじゃないか。もっと調べてからのほうがいいんじゃないか。もっと自分よりも優れた人がいるんじゃないか。そうかもしれません。でも、知らないなら調べればいい、考えればいい。行動すればいい。意志があればそれができるのです。何でも知っている人でも、意志がなければただそれだけです。細部しか知ることができなくても意志があれば、前に進むことができるのです。

日本のビジネス環境はアメリカ化しているのか？

アメリカで一年の大半を暮らしている身として、時折聞かれる質問に「アメリカと日本の違い」があります。ビジネス環境や起業家の気質に違いはあるかと聞かれることもあります。そういった質問の端々に、「アメリカのほうが先を行っている」という意識、スタートアップ大国アメリカに対して、後れをとる日本というニュアンスが見え隠れしていると感じるときもあります。

たしかに、ビジネスの世界では「アメリカで起こったことは、そのまま世界に波及する」という傾向があります。IT業界、マーケティング業界はとくにアメリカ主導の傾向が強く、「アメリカで起こったことが数年後に日本で起こる」と当たり前のように言われます。

こうなるとアメリカが「先進」であり、正しいように思えます。そこで、日本人でありながら、アメリカの大学で教鞭をとっている私の想いはこうです。

「アメリカってそんなに先を行ってるのか？　日本はそんなに乗り遅れているのか？」

そもそも50州から成り立っているので、一概に「アメリカ」と括ることは難しいのですが、そのなかで4つの州（カリフォルニア州、オハイオ州、テキサス州、マサチューセッツ州）に住んだ経験から、言葉を選ばずに言うと、「ちょっと荒れてないか？」と感じることも多いのです。何かと極端だったり。変化も早い。ついていけないと置いてきぼりになってしまいそうな逼迫感。

格差社会。最近、日本でも言われますが、これも長い時間をかけて、アメリカ型の社会構造が移ってきているのかなどと考えてしまいます。それは仕方がないことだという考えもあります。資本主義とはそういうものだ。そもそも自然界だって、弱肉強食だ、と。

あるとき、こんな話をしていると、会話の相手はこんなことを言いました。

「でも山川さん、大昔の話ですが、Japan as No.1って言われた時代がありましたよね。アメリカ企業がこぞって日本型経営を研究した時期がありましたよね」

これを聞いて、少し見えてきた気がしました。もちろん、ビジネスのトレンドの流れはあり、それはアメリカ発になることが多いのは事実です。よく、日本型の終身雇用制度や年功序列は悪い制度だとも言われます。古臭い、硬直している、組織の変革を阻害するとも。でもその利点をアメリカが学ぼうとした時期もたしかにあったのです。

しかし、いまの日本では、転職が当たり前になっています。アメリカのような人事、あの流動性が激しい社会が近づいているように見えます。大学生の意識調査でも、半数以上の学生が将来の転職を意識しているという調査結果があります。(https://prtimes.jp/main/html/rd/p/000000280.000034075.html　株式会社ビズリーチ　【23年卒　大学生調査】)

多くの人は「アメリカ型社会は変化を受け入れ、変化を望む」「日本型社会は変化を恐れ、維持を望む」という印象を持っています。でもこの調査を見ると、後者の印象は変わりつつあるようにも見えます。

長い目で見てみると、スタートアップ大国と言われるアメリカだって、かつては自動車業界のビッグ3をはじめ、いわゆる重厚長大産業が経済の根幹を握っている時代がありました。いま、

ＩＴ業界に注目が集まっていますが、いまでもそれらの重厚長大産業は大きな規模で残っています。なくなったわけではないのです。

日本は、大企業の影響力がいまも大きく、スタートアップの後進国とも言われます。しかし、楽天やＤｅＮＡ、ソフトバンク、ＧＭＯグループなど、四半世紀前には影もなかった、あったとはいえ、そのころは誰にも見向きもされない規模だった企業が、日本を代表する企業に育っています。

CHAOSなアメリカとCOSMOSな日本

「アメリカの市場で起こったことは、数年遅れで日本でも起こる」――おおむね当たっているように思えます。しかし、この現象には2つの種類があるのではないでしょうか。

まず、経済でのこと。わかりやすく言えば、株式市場、為替市場などの金融関連では、アメリカの市場規模が圧倒的に大きいことは事実です。だから、アメリカで起こったことの影響は、間違いなく数ヵ月、数年遅れで世界に波及します。

もうひとつが、ＩＴ化によるもの。すべてのビジネスにおける「当たり前の変化」です。この四半世紀で最大の変化は、ＩＴ技術の普及とそれによる社会、ビジネス環境の変化だと言えます。ＩＴ業界にせよ、ハードウエアの業界からソフトウエアの業界、そしてプラットフォーマーと隆盛する業界が変遷しています。その影響でいち早くＩＴを活用できた企業の成長が著しくなるというケースも多いようです。

これは、たまたまアメリカで起こったことに過ぎません。もちろん、「たまたまなんかじゃない理由」はたくさんありますが、アメリカ以外でも起こり得た変化なのです。アメリカではなく、イギリスでも、インドでも、ブラジルでも、中国でも、日本でもその発火地点になり得たのです。

では、事実として、現在のIT社会の基盤となる企業は、なぜアメリカ企業ばかりなのか。少し乱暴で抽象的な言葉で言うと、それは「アメリカがCHAOSな社会」だからです。「ポジティブなCHAOS」あるいは「建設的なCHAOS」。

CHAOSは混沌と訳されます。対義語はCOSMOS＝秩序、調和、ハーモニーです。日本人としては、CHAOSはあまりよくない印象があり、COSMOSには好印象を抱く人が多いと思います。

この2つは善悪で分けられるものではありません。どちらかが正解でもう一方が誤りではない、優劣もない。単に「違う状態」でしかありません。

たとえば「終身雇用」「年功序列」「重厚長大産業が経済の核にある」といった社会は、生態系、今風に言えばエコシステムが、秩序だって形成されます。トヨタ自動車を中心とした部品メーカー、販社グループのエコシステムは極めて完成度が高いものです。

一方で強みは弱み。急激な変化には対応しきれないことが多いのです。この数年、強力に進められている自動車のEV化、水素電池などへの大転換ですが、欧米の自動車メーカーに日本企業が後れをとっている理由の一つが、この秩序だった生態系だと言われています。

ガソリンエンジンが電気モーターに転換されると、自動車に使用される部品の数が3割減少するとも言われています。いま、すべての自動車がEV化されると、国内で数万人の失業者が出ると試算する専門家もいます。

だから、変化が遅くなる。アメリカ企業に後れを取るというわけです。よって「アメリカ型社会にならなければ国際競争に勝てない」という話が出てきます。日本の起業家、いえビジネスパーソンでも「日本の企業は判断が遅い。それではだめだ」と切り捨てる人も少なくありません。でも、私は「ちょっと待ってください」と言いたいのです。

「アメリカがそんなに素晴らしいのか?」

アメリカ型社会をCHAOS、日本型をCOSMOSとしましたが、乱暴に切り分けると、変化の速い社会=CHAOSと遅い社会=COSMOSと言い換えることができそうです。変化に対する柔軟性に富んだ社会のほうが「良さそう」に見えます。進化論に則っても、環境の変化に対応できない種は滅んでいきます。変化に対応できない日本の大企業は滅ぶ、という考えにも一理ありそうです。

しかし私は、その変化の速さの弊害も見ています。スピードについていけた人と取り残された人の格差です。いま、日本でも「デジタル・ディバイド」という言葉が出てきています。さまざまなＩＴサービスを使いこなせるかどうかで生活の利便性に大きな差が生まれている。金銭的なものだけではない格差が生まれてきているのです。

日本では、先に示したように、変化はありますがどちらかというと緩やかです。だから、終身雇用で人材を確保して地力をつけながら成長していくスタイルが長らく続きました。働く人にとっても、転職を繰り返すリスクよりも同じ会社で働き続けるメリットが大きかった。給料は劇的には上がらないけれど、下がることは少なく、まっとうにやっていれば職を失うこともめったにない。年功序列で、ある程度の収入アップは見込める。秩序だった世界です。これがCOSMOSです。

一方でCHAOSなアメリカ社会では、転職の自由度は高いので、能力が高くそれが認められれば、より高給の会社へ転職することが容易です。社内でも実績を上げればどんどん昇給し、立場でも収入でも先輩を追い抜くことができます。しかし、思うように業績を上げられなければどんどん給料はカットされ、場合によってはクビです。まさにCHAOSと言えるでしょう。チャンスがたくさんあると同時に、落とし穴も同じくらいある世界です。

「違う」ことで対立するのは損

アメリカ型社会と日本型社会、アメリカ経済と日本経済、重厚長大産業とスタートアップ、あるいは大企業とベンチャー企業。これらはよく「対立軸」で考えられることがありますが、本来これらは、対立するものでもなければ、どちらかが良い、悪いというものではないはずです。

COSMOSな日本とCHAOSなアメリカだってまったく違うわけではない。アメリカにだってレガシーな重厚長大産業が力を持っているジャンルはたくさんあります。そのサークル内では、変化が少ない社会が形成されているでしょう。日本だってどんどん転職が進む業界があり、変化が激しいところもあります。一見変化していないようでいて、長い目で見ると大きく変わっているところもある。

たとえば、新卒の学生の「人気企業調査」があります。

就職活動をしたころは人気企業だったのに、20年経ったらすっかり落ち目というケースは少なくないでしょう。ひと昔前を振り返れば、驚くほどの変化が見え、楽天もソフトバンクもＤｅＮＡも、まだランクインしていないという事実にも驚きます。

またよく触れられる、世界の企業、時価総額ランキングがあります。１９８９年には日本の金融機関、ＮＴＴ、トヨタをはじめとする重厚長大メーカー群が上位を占めていましたが、２０２

３年度のランキングではトップ50社に日本企業の姿は一つも見えません。

これをもって「日本経済はだめだ」と断じることもできます。一方でよく見ると、各社の時価総額の桁が変わっていることに気が付きます。１９８９年にトップだったＮＴＴの時価総額は１６３９億ドル。しかし、２０２３年に同じ額では、トップ50には食い込めません。ちなみに２０２３年のＮＴＴの時価総額は約１０４５億ドル。実のところ、目減りしているとはいえ、まだまだ時価総額は高いのです。

レガシーな企業経営者とアントレプレナー

何年も前になりますが、あるイベントで日本のレガシーな企業の経営者１００人とベンチャー企業経営者１００人が集まったイベントがありました。私はそのモデレーターロールの一端を担当したのですが、最終的にそのイベントを主導した経産省サイドが、大企業に対して「もっとベンチャー企業を応援してください」という締め方をしたのです。これには少し違和感がありました。

いま、日本政府は数多くのスタートアップ、ベンチャー企業の支援策を打ち出しています。私が共同創業した２つの会社、ベンチャーカフェ東京とその姉妹組織にあたるＣＩＣjapanには「スタートアップ創出元年」と書かれた岸田総理のサインがあります。感じるのは、政府が、大企業が、スタートアップを支援してあげる、というニュアンスです。大人が子供を手助けするような、そんな雰囲気です。誤解のないように言えば、成長を促すことは素晴らしいこと、大人の支援はとても心強いものです。一方で、起業家も立派な大人なのです。過保護でもなく、あくまでも対等に、相互の尊重と成長が望ましい。

先のイベントの話ですが、イベントのあと、大企業側の経営者のほとんどはさっさと帰路につきました。一方、ベンチャー経営者のほうは、どんどん私に話しかけてきましたし、経営者同士での情報交換、コネクションづくりが行われていました。レガシーな企業の人間の視界には、スタートアップやベンチャー企業は入っていなかったのかもしれません。同じ土俵にいるとは考えていなかったのかもしれません。政府にしても、もともと日本を支えてきたレガシーな企業とはつながりがあるし、理解しやすい。でもベンチャー企業のことはよくわからない。

それでも政府があの手この手でスタートアップを支援しようとしているのは、アメリカほどの変化速度ではなくても、日本経済だって変化していることをわかっているからでしょう。そんなイベントに貴重な時間を割いてレガシーな企業の経営者が出席するのも、多くの大企業がVCを自社で行ったり、出資したりするのも、社内起業家を育成するのも、「変化を恐れながらも、それが不可欠であることを知っている」からでしょう。わからないなりに、なんとかしようとする気迫が感じられます。中には、私にはわからないから、ベンチャー起業家に任せる！　なんて言うレガシー企業の経営者もいました。これもある意味勇気のある発言だとポジティブにとらえました。自社の時価総額が大きく変わっていないのに、世界のランキングではどんどんランク外に押しやられる変化を肌で感じているのは彼らですから。

一方、スタートアップ、ベンチャー側も、レガシーな企業への理解があまり深いとは言えないでしょう。場合によっては「古臭い」「時代に合ってない」「既得権益」といったような言葉でひとくくりにして、悪く思ったり、見下している人だっていたかもしれません。でも、それは「損」だと思います。違うだけなのですから、違うからと言って、敵視するのは損です。自分たちをレガシーな企業のアンチテーゼと位置づけていることもあるかもしれません。異なる事業や経営への考え方の違いを認識して、そのカウンターであろうとすることは重要です。でもそれと敵視は違います。敵視は排除につながります。

先ほどのレガシーな企業経営者のほうが、ある意味クレバーなのだと思います。彼らの多くはスタートアップを理解していないかもしれない。けれども、理解していないことを自覚した上で、変化することとの重要性もわかっています。

繰り返しになりますが、相互尊重（mutual dependence）、お互いに学び合う（mutual learning）、だからこそ、その先に成長があるのですから。

秩序を守りつつ、変化を推進する

15年前、私がバブソン大学で教鞭をとり始めたころ、学生たちの意識は「次のＧＡＦＡＭは誰だ」でした。自分たちがそうなってやろうという熱量がありました。ところが、いま、ＧＡＦＡ

Mはレガシーな企業になりつつあります。GAFAMが生まれたころのレガシーな企業は、製造業や流通、金融といった「既存業界」の象徴でした。そこにITという新たな業界が誕生し、大きく力をつけて、新たなレガシーとなったと言えるのかもしれません。

そうなると、起業家志向の学生たちは「次の新しい業界」を生み出すか、既存企業と異なる事業を考えるかの選択をしなければなりません。しかし、新たな業界はなかなか生まれるものではありません。時代や環境に左右される要素も多いのです。自然とアイデアは「既存事業の隙間を狙う」ものが増えてきます。大企業が手をつけていない、手をつけられない、見落としているニッチな市場、事業を見つける方向に走るのです。

私は、日本の大学での集中講義、起業家セミナーも数多く担当しています。多くのアントレプレナーのアイデアを聞き、アドバイスもしています。そこで感じるのが、「世界を変えてやる」というときの、規模感の違いです。

もちろん、小さいのは駄目だという話ではありません。十分なサービスが行き届いていないニッチな市場にサービスを提供するというアイデアは素晴らしいものです。でも、少し寂しい気持ちにもなります。日本中を、さらに世界を舞台にする大事業は「レガシーな企業のもの」と思い込んでいるのではないか。大スケールの事業はスタートアップの手には負えない、と思い込んでいるのではないか。

日本のアントレ講義では、ビジネスモデル、マネタイズ主導、一方でアメリカ、少なくとも東海岸ボストンではアントレは"the way of life"——ライフスタイルそのものであり、生き方、生きざまなのです！

別の章で紹介したバブソン大学での私の教え子は、次世代原子炉である溶融塩炉の事業を手掛けています。エネルギー産業という、アイデアのみならず、技術力も規模が求められる、つまり、レガシーな企業の得意領域で、若いメンバーのスタートアップが業界を引っ張っています。彼らの頭の中には、レガシーだとか大企業だとか、スタートアップだとかベンチャー企業だとか、そういった区別は関係ないのです。そんなことで後ずさるという選択肢がない。変化を推進するのは自分たちだという強い思いがあるのです。

とはいえ、変化が遅く抵抗感が強い日本ではそのような思いを抱くことは難しいという声も聞こえてきそうです。この本を読んでいるアントレプレナー、あるいはその志望者にとって、変化は大好物だと思います。でも、こう言われてこなかったでしょうか。

「やめたほうがよくない？」

「これまで誰もやってないでしょう?」
「失敗したらどうするの?」
「うまくいく保証はあるの?」

どれも変化を恐れる言葉です。変化が遅い、秩序を守る傾向が強い日本では、こういう声は大きくなりがちです。だから、日本ではスタートアップやベンチャー企業の人間が、レガシー企業を敵視してしまう。それは損だと言いました。秩序を守ろうとする側を敵視せず、受け入れた上で、「自分が信じた道を行く」のです。

日本社会の秩序の高さは利点です。それを受け入れつつ、変化に身を投じるのです。変わる必要があれば変わればいい。時には立ち止まってもいいのです。

リスキリングじゃない、フォーエバー・スキリングだ

変化が遅いCOSMOSな日本でも転職がようやく当たり前になってきています。超高齢化社会で労働人口が減少しているため、高齢者の働き口を増やす必要があることも影響しているでしょう。そこで叫ばれているのが「リスキリング」です。それまで自分が身につけたスキル以外に、新しいスキルを身につけて、新しい仕事に生かしていこうというものですが、私から見ると「何を今さら」という印象が強いです。

変化が遅かった日本では、これまでは一度身につけたスキルで退職まで働き通すことができたということでしょう。それが通用しなくなるので、リスキリングということですが、ビジネスをし続けるということは、常に変化の中に身を置くということ。そこで生き抜くためには、常に新たなスキルを身につけ続ける必要があります。「フォーエバー・スキリング」なのです。

日本は大学を卒業すると学ばなくなる傾向があります。いえ、大学の入試までは頑張っても、そのあとは勉強しなくなります。アメリカでは逆です。大学入学後に勉強をしないと、あっという間に落第です。就職後も学び続けないとクビです。だから、就職後に一度仕事をやめてMBAを取りに行くなんていうことが当たり前に起こるのです。

日本人ではまだまだ、会社を辞めてまでMBAを取りに行く人は多くはありません。一度手にした立場を手放すという変化が怖いのかもしれません。でも考えてみてください。大学を出たあと、ずっと自分のポジションが変わらないことこそ、社会全体が変化する中においては恐怖ではないですか？　免疫をつけておくためにも、変化に身を投じていくことも重要です。

変わってもいいんだ。変わっても罰せられない。変わっても失うものはない。得るもののほうが大きいのだ。**変わったほうが得なのだ！**　と言いたい。

起業家こそ、まさに永遠にスキリングを続ける存在です。起業の準備段階から実際の起業、その成長段階、それぞれで求められるスキルは違います。自分だけでできないことは信頼できるチームメイトに託すことはできますが、それでも学び続ける必要があるのは当然です。

ようやく日本でも、人材の流動性が高まってきています。リスキリングの重要性が説かれるようになったことがその証左です。人材の流動性の高さは新たなビジネスが生まれるチャンスが増えていくことにつながります。

アメリカのような流動性の高さには、まだまだ日本は及ばないと思います。それは「アメリカで起こったことが、やがて日本でも起こる」という、タイムラグの話ではなく、日本という国がCOSMOS、秩序を尊ぶ気質を持っており、CHAOS要素の増大はその土台の上で起こるからです。これまでよりもCHAOS寄りになり、社会の人材の流動性は高まるでしょう。しかし、日本なりの秩序は残ったままになるはずです。

きっと私が感じた「アメリカってそんなに素晴らしいのか？」の根っこはこんなことなのかもしれません。CHAOSに偏りすぎているのがいいとも思えない。CHAOSとCOSMOSのバランスがポイントだと思えます。

もしもあなたがアメリカ式のCHAOSが大好きなら、すぐにアメリカに行って活躍したほうがいいでしょう。日本でやると決めたなら、日本型のCOSMOSも受け入れて、その上でCHAOSにこだわるという選択肢が有効になるはずです。

ピボット・方向転換のすすめ

もともと、社会の流動性が高い欧米では、仕事を転換することにあまり抵抗がありません。なぜか、日本人は一つのことにこだわり打ち込み続けることに、価値を過大に見いだす傾向があるようです。たしかに、長年一つのことに集中することには大きな価値があります。そこから得られる経験、スキル、知識も素晴らしいものがあるでしょう。しかし、同じように、複数の仕事をすることで得られる経験や知識にも価値があります。

アメリカでは子どものころからデュアルスポーツが当たり前です。アメリカンフットボールと野球、バスケットボール、ボクシング、陸上競技など複数のスポーツに当たり前に取り組みます。いまも史上最高のバスケットボール選手と言われるマイケル・ジョーダンは一度目の引退後、メジャーリーグに挑戦しています。春から夏は野球、秋から冬はアメリカンフットボールという選手も多く、ＮＦＬとＭＬＢの両方で活躍した選手としては、ボー・ジャクソンやディオン・サンダースがいます。ＭＬＢやＮＦＬのドラフト前には「この選手はどちらのリーグにドラフト登録するのか？」という話題が毎年あるほどです。

２０２３年、ブダペストで開催された世界陸上では１１０メートルハードルでグラント・ホロウェイが金メダルを獲得していますが、彼は現役のＮＦＬ選手でした。２０２２年のオレゴン大会で同種目でフライングに泣いたデボン・アレンも当時現役のＮＦＬの選手でした。

実は、私もスポーツ経験があります。アイスホッケーです。日本ではマイナースポーツですが、かなり本気で取り組んでいました。本気でプロを目指す気持ちもあったのです。しかし、さまざまな事情、体格の問題などに行き当たり、諦めざるを得ませんでした。

その後、ビジネスの世界に身を投じ、いまに至るのですが、実は、アジアリーグアイスホッケーの横浜グリッツというチームには立ち上げから携わっています。少し遠回りしましたが、私という人間をつくり上げてくれたスポーツであるアイスホッケーに、いまも関わることができているのです。

方向転換をすること、ピボットは何も悪いことではありません。ある事業で失敗しても、別の事業に取り組むことに過度な抵抗感を感じる必要はありません。回り回って元のところに戻ってきたり、意外なところで前の事業の経験が生きるということも、珍しい話ではないのです。

元メジャーリーガーのイチロー選手は、日本プロ野球時代、「振り子打法」と言われる、片足を高く上げるバッティングフォームでした。そのフォームで日本プロ野球ナンバーワンの打撃成績を残します。

その記録を引っ提げて、メジャーリーグに挑戦するのですが、そこで打撃フォームは大きく変貌します。振り子打法をやめ、両足をついたフォーム、タイミングを取るために片足を上げてもそれは小さく上げるだけ、に変わったのです。速球で押してくる投手が多い、力があるボールに対応するためとも言われますが、日本球界で大成功を収めていたバッティングフォームを大改造するのは、大きな勇気が必要だったでしょう。

過去の成功体験に囚われず、「最善を模索した」結果だと思います。

企業だって、変化していく

企業も同じです。古くから、企業の寿命30年説というものがあります。リアルな統計では企業の平均寿命は20～25年だそうです。30年で時代が変わるのです。起業時に社会情勢にマッチしていた事業も、競合企業が増え、ニーズが変化し、その役割を終えるケースが少なくありません。

有名なところでは富士フイルムという会社があります。かつては、同社と米コダックの2社で世界の写真フィルムの95％以上を生産していました。１９８０年代、世界でもっとも銀を消費していた企業は、富士フイルムです（銀は写真用のフィルムに欠かせない原材料です）。しかいま、写真用のフィルム市場は、全盛期の１００分の1、いやもっと縮小しています。

富士フイルムは、化学製品、健康食品、化粧品など、経営の多角化を行い、売上の中で写真用フィルムが占める割合はほとんどなくなりました。同じ会社ではありますが、中身は40年前とは違う会社だといっていいでしょう。医療用のX線フィルムも取り扱っていた関係で医療業界ともつながりが深く、フィルムの製造、現像液の製造などから、化学分野への知見も持ち合わせていました。そうした蓄積がピボットを可能にしたのです。

このような大転換は多くの企業で起こっています。

かつて世界的な携帯電話端末メーカーだったノキアはスマートフォンへの移行対応に失敗し、一時売上が激減します。しかし、通信インフラ施設・無線技術を中心とする開発ベンダーとして復活しています。

戦争が絡む生々しい話ですが、日本でも戦前から戦中にかけて、軍用機を開発したメーカーがたくさんありました。それらの企業は、実は現在の日本の自動車メーカーにその技術を伝えています。ＢＭＷだって元は飛行機用のエンジンメーカーだったのです。

日本を代表する企業、ソニーもそんな企業の一つです。戦後すぐに、井深大氏、盛田昭夫氏らによって創業された東京通信工業が、ソニーの始まりです。創業当初は、社名の通り、通信機器、いわゆるトランジスタラジオが主力商品でした。日本初のトランジスタラジオの発売は１９５５年のことです。そしてテレビへと事業は発展します。創業から29年の１９７５年には、ベータ方式のビデオデッキを発売しています。

ここで大転換が起こります。１９７９年、ウォークマンの発売です。音楽を聴く環境を大きく変えたこの発明で、ソニーは「ウォークマンの会社」に変貌を遂げます。正確には、いまでいうところのカスタマー・エクスペリエンス、顧客体験を提供する企業に変わり始めたといっていいかもしれません。それを体現するかのように、コロンビア・ピクチャーズの買収、１９９０年代、プレイステーションでのゲーム業界参入、音楽事業をはじめとする、コンテンツ事業の拡大と、「通信機器メーカー」として創業したソニーは、会社の中身を大きく変貌させています。

こういった社業転換（Strategic Renewal）、まだまだあります。

日本のトラディショナルな企業の一つにＪＴがあります。正式名称は「日本たばこ産業株式会社」。もともとは塩とタバコ、樟脳を専売する旧大蔵省の外郭団体であり、１９４９年に法人化、１９８５年に民営化され現在の会社組織になっています。もともとは塩とタバコ、樟脳という特殊な専売制度のもとに設立されていた組織です。タバコ需要の大幅な縮小、樟脳需要の減少などの影響も大きく、１９８０年代半ばごろから、大きく経営方針が変わっていきます。医薬品事業、飲料事業、食品事業などをＭ＆Ａといった手段で事業買収、あるいは自社展開し、「医薬と食品の総合企業」に様変わりしています。

いまや世界にも知られる任天堂も、大きく変化した企業の一つに数えられます。もともとは「丸福」という社名で創業し、その後「任天堂骨牌」に社名変更して、トランプや花札、麻雀牌などのメーカーとして知られていました。しかし、１９６０年代にカードゲームの需要が縮小、経営難に陥ります。そこでアナログからデジタルへの転換を実施。まだ日本ではどの企業も手をつけていなかった「エレクトリック玩具」の分野に主事業を切り替えていきます。ポケットタイプの「ゲーム＆ウオッチ」のヒットに続いて、１９８３年にファミリーコンピュータが大ヒットします。いわゆる「ゲーム業界」を生み出してしまったといってもいいでしょう。

ファミリーコンピュータのヒットから、据え置きゲーム機での競争が激化、SEGAやソニーとの戦いがあり、次世代機戦争と言われたゲーム機のシェア争いでは、ソニーのプレイステーションの後塵を拝してしまいます。ところが、ニンテンドーDSという携帯ゲーム機を発売して、「携帯ゲーム機」というジャンルを創出し、その存在感を示しました。

任天堂のゲーム機開発は、常に「新しい市場」をつくり出してきたと言えるでしょう。

意外な転換を図った有名企業としては、キティちゃん（「ハローキティ」）などのキャラクタービジネスで知られる、サンリオがあります。サンリオは、もともと絹製品を販売する「株式会社山梨シルクセンター」という会社だったのです。ところが事業に失敗し廃業寸前に。絹製品を諦めて小物販売に転換しますが、「キャラクターの絵柄がついたものは売れる」と気がついて、キャラクター雑貨に注力、とうとう自社でキャラクターをつくり出すようになったのです。その後、同じキャラクタービジネスではありながら、キティちゃんを中心に「主戦力」となる多様なキャラクターを生み出し続けています。

企業の寿命30年説は、おそらく正しいのです。それでも、50年、中には100年続く企業もたくさんあります。日経BP社の調査では、創業100年を超える企業は日本だけで3万社以上、200年を超える企業も1000社以上存在します。

これは世界と比較して、突出した数です。歴史ある企業が多いということは誇るべきことである一方、「新陳代謝」が行われていないのではないか、革新ができていないのではないかという疑念も湧いてきます。しかし、こうした企業は「中身が変革して」います。伝統だけに固執することなく、社内で新陳代謝が行われているのです。そして、注目したいのは、それを成し遂げたのは「社内にいた起業家（イントラプレナー）」だということです。起業家とは、会社を起こす人のことを指しません。「事業を起こす人」だから、起業家なのです。

ＶＵＣＡの時代、時代の変化が加速している時代、企業の寿命30年説が、20年、15年と短くなっていくことは想像できます。それだけ「起業の重要性」が増すのです。まさに、アントレプレナーの時代が来ているのです。

人の話を聞き、人の話を聞かない

10年以上、大学で起業道を、失敗学を教えていると、本当に数多くの学生、起業家に出会います。教え子でなくても、起業家、あるいは起業家の卵に会うことは日常茶飯事です。もちろん、さまざまな人がいます。大学に入る前にすでに起業している人もいれば、在学中に起業する人、それで失敗して再チャレンジの準備をしている人。本当にカラフルです。

その中には一定数、生まれながらの起業家：Natural-Born Entrepreneurとでも呼ぶしかない人もいます。息を吐くように事業立ち上げを連発する。一見すると、何も考えていないようにも見えます。「やりたいことがある」「叶えたい夢がある」、それを実現するために、「それができそうな会社に入って、出世して、権限を得て、実現する」よりも、起業したほうが早い、いや、起業しないと実現できない。そう「感じる」から、彼らは起業します。

よく、ティーンエイジャーで起業して話題になる人がいます。その人たちの中には、一定の割合で、「周りの大人に担ぎ上げられている人」がいます。一方で、一定の割合で、生まれながらの連続起業家もいます。彼らには年齢は関係ない。自分が学生であるだとか、手元に資金がないだとか、そういうことは関係ないのです。

叶えたい夢がある。だから、一歩踏み出す。

それだけです。先日、日本でのイベントでスピーカーとして登壇した日本人の起業家がいました。まだ若い女性ですが、高校生のときに、肌が弱くて市販の化粧品が使えない妹でも使える化粧品を作りたいと、学校の施設を使って試作品を作り始めます。そこから、あっという間に起業してしまうのです。ここで、「当たり前の大人」ならどうなるでしょう。

・市場調査をしてみよう
・競合となる大手化粧品会社の状況、同じような自然派化粧品会社の状況を調べよう
・薬機法について調べよう
・製造は工場に委託することになるから、誰かの助けを借りなければ

・販路はどうしよう、広告はどうしよう
・売れるだろうか

こんな不安が当たり前に頭をよぎります。そして、もしこの女性がそのような考え方の持ち主だったら、それぞれの「専門家」の話を聞き、周囲の大人に相談し、資金集めをどうしようかと悩み、あっという間に10年が過ぎ、どこかの化粧品会社で働いている、かもしれません。

それはそれで、一つの方法です。大手化粧品会社のリソースを使って、「肌が弱い妹でも使える化粧品を作る」という選択肢も十分すぎる価値があります。

しかし、その彼女は、こともなげに、起業し、化粧品を作り、販売しています。「資金集めはどうしましたか」「薬機法にはどう対応しましたか」「製造工場などはどうやって探しましたか」、こんな質問には、実はまともな答えは返ってきません。

「そこは、周りの人が助けてくれたんです」

と笑うのです。もしも彼女が、行動する前に、一**歩踏み出す**前に周囲の大人に相談していたら、「どうしたらいいですか」と聞いていたら、ほとんどの大人は止めたかもしれません。

「ちゃんとお金をためてからやったほうがいいんじゃない」
「手伝ってくれる人を集めてから」
「専門的なことを勉強してから」
「どうせ無理だから」

しかし、彼女は聞かなかった。いえ、聞かなくても、そういったことを言う大人はいたはずです。でも、意に介さなかった。なぜなら、彼女にとって、「夢を実現するため」の行動は当たり前すぎることであり、起業はその手段にすぎないからです。

何を悩むことがある？　そう感じていたでしょう。

一方、踏み出して行動する彼女の周囲には、それを手伝おう、一緒に夢を叶えようとする人が集まってきます。5人の変態も集まってきたはずです。それぞれの専門性をもつ同志です。事務的なことが得意な人もいたでしょうし、薬機法に詳しい人、製造業に詳しい人、資金調達に長けた人、マーケティングの専門家、多様な人がどんどん集まってきたでしょう。

今度は、彼女は彼らの話を聞いたのです。それは「夢を叶える話」だからです。先程の大人たちは、「夢を止める話」ばかりでした。悪気はありません。彼女がもしも失敗したら、かわいそうだから。もっと「ちゃんとしたほうが」うまくいくと思うから。そう思って「助言」しているのです。実際には助けていません。ただ、止めているだけなのです。そのような言葉に耳を貸す選択肢は、彼女にはありません。

親ブロック、嫁ブロック、と日本ではこんな言葉が起業用語になっています。英語に訳すと"Parental Block""Spouse Block"になるでしょうか?

もちろんアメリカでは起業に関するそのような言葉は存在しません。前者など、アダルトコンテンツ対策でも想像するのがオチでしょう。

私の友人ですが、会社の中でどんどん出世していて、順風満帆。しかし、自身のライフワークとして、レガシーとして起業したい。それを家族にピッチした結果、「パパ、やめて」と子どもに止められたそうです。「いまの仕事で十分じゃない」と。日本には子どもブロックという用語も存在するようです。起業しようとすると、親が、パートナーが、子どもが止めてくる。用語として定着するくらい、多いのです。

彼女は、夢を叶えるための話には、十分すぎるほど耳を貸すでしょう。それが「5年待て」という言葉でも、彼女が納得できる、夢を叶えるための手段だったら、それを選んだはずです。彼女が幸せだったことは、親ブロックが働かなかったこと、そのブロックを突破することにエネルギーを使わなくてもよかったことでしょう。

優れた起業家は、人の話を聞かないし、聞くのです。

過去を知り、過去に囚われない

第三章で「事例病」という話を出しました。とにかく、人は「事例」が好きです。かくいう私も好きです。しかし、一般的な好きとは少し違うと思います。

多くの人は、「成功事例」が好きです。そして、それを真似ようとします。

そして、多くの場合、失敗します。失敗は悪いことではないことは、ここまで読んでいただいた方にはおわかりだと思いますが、この失敗はあまり良くない失敗です。なぜなら「失敗の理由がよくわからなくなる」からです。

成功事例を真似ることそのものは否定しません。しかし、「うまくいったやり方だから、うまくいく」というのは、思考停止というか、循環論法です。まず、先の成功事例とは、時期が違います。商材も違うでしょう。人材も違います。何から何まで違うのです。まれに、大ヒット商品を生み出したチームをまるごと引き抜いてくるという話がありますが、それで成功した話は聞きません。

万が一うまくいっても、それは結局、二番煎じであり、先行事例以上の成功は見込みにくくなります。

「いや、後追いのほうがうまくいったケースがあるよ」

たとえば、高度経済成長期の日本は西欧諸国のビジネスを真似て、成功した事例です。トヨタ自動車だってフォードを真似ました。松下電器だって、東芝だって、ＧＥを真似ました。でも、ただ真似たわけではなかった。

「これじゃだめなんじゃない？」
「もっと品質を上げられるね」
「もっとコストダウンできるな」
「もっとこうしたほうがいい製品になる」

こんな思想を持って、真似ていたのです。いわば、すでに世界的な企業になっていた欧米企業の「失敗」を見つけ出していたのです。「学ぶ（まなぶ）」の語源は「真似ぶ（まねぶ）」という説があります。

世界のＴＯＹＯＴＡが、もはやビジネススクールで教えないことがないくらい、浸透させた言葉に「ＫＡＩＺＥＮ」があります。もちろん、これは「改善」です。常に（成功や失敗から）学び続け、いつもいまよりも良くしていく。continuous improvementと英訳されます。優れたものを真似るだけではなく、いかに自社の強みを生かして、ＫＡＩＺＥＮし続けるか、進化し続けるかが勝負です。

成功体験は大きな罠

私が事例を好きなのは「失敗を知ることができる」からです。だから、きらびやかな成功事例にはあまり興味が湧きません。

「老害」という言葉があります。企業内でも、若い稼ぎ頭たち、主要戦力である若手から中堅に対して、ベテランと呼ばれる人たち、40代から50代の社員たちは基本的に疎ましがられます。

邪魔をするからです。

「それじゃうまくいかないよ」
「そういうやり方は聞いたことがないな」
「それ、根回しできてるの？」
「俺が昔、こうやってうまくいったからそうしたほうがいい」

たしかに、老害そのものです。このポイントは「過去に縛られている」ことです。過去の知識に縛られている。そして、過去の成功失敗、体験に囚われている。

重要なことは「過去に囚われていいことはない」という点です。過去に大きな実績を残した成功者、たとえば経営者でも、社内で表彰されている営業マンでも、結構な確率で老害化します。

それは「俺が若かったころは」と考えるからです。自分自身の過去の成功体験が、次のステップの邪魔になるのです。「こうやったらうまくいった」という強力な成功体験は大きな罠です。その罠から抜け出すことは容易ではありません。

多くの人が知る通り、いまはＶＵＣＡの時代、不確実であり、未来予測が困難な時代です。２０１９年、ほんの数年前に、新型コロナウイルスでこれほど世界が変わることを誰が予測していたでしょう。ロシアのウクライナ侵攻にせよ、「いくらプーチンでも、武力行使はさすがにしないだろう」というのが、〝専門家の見解〟でした。過去をいくら知っていても、未来のことなんて、誰にもわからないのです。

マーケティングの世界でも、「この施策でどれだけ利益が上がりますか」と聞かれて、確実な答えを返すことは無理でしょう。あくまでも予測、試算を提示することはできるでしょうが、保証はできません。もっと細かなケースで言うと、「Ａのキャッチフレーズと Ｂのキャッチフレーズ、どちらのほうがレスポンスがいいのか」とクリエイティブ担当に問うマーケティング担当、経営層がいます。

「やってみなければわからない」

これが答えです。だからこそ、マーケティングでは「ＡＢテスト」を重視します。Agile testingというそのものズバリの専門用語があるほどです。どちらが良かったか、実際にテストして結果で判断する。一度結果が出ても、何度でもテストする。市場が変化するからです。テストにしても、「今を知る」だけで、未来はわかりません。

ただし、過去には価値があります。失敗から学ぶことができるからです。明らかに失敗する確率が高いことを避けることができる。過去に失敗した方法であっても、「どこを変えていけば成功しそうか」予測することができる。それでまた失敗してもいいのです、「このやり方ではうまくいかない」という経験が増えたのですから。

過去を知っていることはとても重要です。しかし、過去に囚われていては、同じレールの上を進むことしかできません。ここで大切なことは、過去の呪縛から逃れること。

Learn to Unlearn.

正統派は時代を進める、異端は時代を変える

事例を重視して、失敗しないことを美徳とするスタイルを貫く人もいます。仕組みが出来上が

ったビジネスを拡大するような場合、そのスタイルが有効なことがあります。いわゆる「正統派」のスタイルです。周囲の意見を大事にして、最大公約数の意見でビジネスを進めていく。事業拡大型のビジネス、その段階にある企業では極めて有効でしょう。ビジネスを足し算で考えていく。

しかし、企業の寿命、事業の寿命を考えると、それだけでは経済社会は成り立ちません。過去の成功体験に囚われず、自分の夢に忠実で、周囲の意見を聞く一方で、最小公倍数を考える。ビジネスを掛け算で考えていく。

後者の人は、組織の中では異端児と呼ばれます。組織の枠の中には収まっていない人。そういう人は、フリーランスで働いていたり、アントレプレナーとして活動していたりします。また、大企業の中には、一定数の「異端」を社内においているケースがあります。ふだん企業は彼らに期待していません。しかし、危機に陥ったとき、あるいは危機が予想できるようなときの、彼らの発想、行動に期待しているのです。

ハリウッド映画を見ていると、世界の危機を救うのは、はぐれ者であるケースが珍しくありません。予想外のことが起こるような状況下では、はぐれ者たちのほうが、慌てずに立ち回り、結果を出すわけです。

本来、日本人はそういう話が好きです。判官贔屓《ほうがんびいき》という言葉があるように、力がある正統な存在よりも、それに劣るけれど立ち向かっていくものに共感する傾向があります。高校野球を見ていても、強豪校よりもそれに立ち向かう普通の高校に肩入れする層が一定以上存在します。本能的に気がついているのかもしれません。「正統派」は、正しいけれど、それ故に「予想外」のことはできない。過去に囚われているので、それ以上の結果は出せない。過去に例のない結果を出すことができるのは、想定外の存在、「はぐれ者」「異端」だけなのです。

だから、私は「一歩、踏み外せ」と言うのです。起業家にとって大切なこと、第一は「一歩、踏み出す」ことです。行動すること。次が「一歩、踏み外せ」です。失敗することでこそ、成長する。失敗はマイナスではないのです。そして、常識の外に出ること。「一歩、はみ出せ」です。常識の枠に囚われない。過去の成功体験に縛られない。それが起業家の精神なのです。

道を切り開くのは、異端です。異端とは、はみ出した人のことなのです。

いわゆる普通の人は、学校を出たあとは就職します。少しでも「いい会社」に入ろうと思います。少し前までは新卒で入社した会社で定年まで働くことが当たり前でした。最近でこそ、転職も当たり前になってきましたが、まだまだ「起業する」ことは異端です。

そう、起業家は一歩踏み出し、一歩踏み外し、一歩はみ出すのですが、実は、いまの日本では「起業した段階ではみ出している」のです。

ここであえて「はみ出せ」と言うのは、周囲に「はみ出そうとする人を引き戻す人」がいるからです。

大丈夫です。もう、あなたははみ出しています。

さぁ、一歩、はみ出せ。

第五章

自らを律する

Entrepreneurs are self-disciplined.

シャクルトンの教え

19世紀から20世紀初頭にかけて、世界では「極地探検」に注目が集まっていました。なかでも、南極への探検はイギリス、ノルウェー、日本の3国が「初の南極点到達」を巡って競い合っていました。

各国の探検隊を率いたのは、イギリスのロバート・スコット、ノルウェーのロアルト・アムンセン、日本の白瀬矗《のぶ》。この競争ではアムンセンが人類初の南極点到達を実現、スコット隊はわずかの差で南極点到達を達成しながら帰路に遭難するという悲劇に見舞われます。当時、日本の白瀬隊が到達した地点は、大和雪原と名付けられています。

この3名が名高い南極探検家ですが、もう一人、重要な人物がいます。それが、アーネスト・ヘンリー・シャクルトン。3度イギリスの南極探検隊を率いた人物です。同じイギリスのスコット隊の一員として、スコットの第1回目の南極探検に参加、南極点まで733km地点まで迫っています。

その数年後に自ら隊を率いたシャクルトンは、当時最も南極点に近づいた人物になります。残念ながら、彼はその生涯で南極点に到達できませんでした。しかし、アムンセンの南極点到達後も南極点を経由した南極大陸横断に挑戦、第一次大戦を挟んで最後の南極探検の途上で死を迎えることになります。成人後のほとんどを南極探検に費やしたといえる人生です。

シャクルトンについては、極限状態でのサバイバルストーリーがよく語られます。強いリーダーシップで隊員を引っ張り、遭難事故こそあったものの、全滅などには至らず、被害を最小限に留めることに成功したと言えるのです。

彼の象徴的なエピソードに、南極探検隊のメンバーを募集する新聞広告があります。

MEN WANTED for Hazardous Journey. Small wages, bitter cold, long months of complete darkness, constant danger, safe return doubtful. Honor and recognition in case of success. — Ernest Shackleton

「求む男子、至難の旅。僅かな報酬、極寒、暗黒の長い日々、絶えざる危険、生還の保証無し。成功の暁には名誉と賞賛を得る。——アーネスト・シャクルトン」

このような広告で隊員を募集したというのです。この広告が本当にあったのかは、確定的な証拠が残っていません。これは「伝説の類だ」という人も多くいます。しかし、この広告は生死をともにするメンバーに求めるものを明確に言語化しており、彼は同じようなことを隊員や周囲の人に語っていたのでしょう。

起業家の仲間についても同じようなことが言えるかもしれません。リーダー、フォロワー、経営者タイプ、技術者タイプなど、さまざまなタイプの人間が集ったほうが、起業はうまくいくように見えます。タイプの違うバディがいるほうが成功しているようにも見えます。しかし、タイプは違っても、望んでいる景色が同じであり、同じ方向を向いていることは、重要なポイントになるでしょう。

それもあって、バブソン大学のアントレプレナーシップの講義では、シャクルトンのドキュメンタリーを全員で鑑賞します。リーダーシップ論、フォロワーシップ、命の尊さに至るまで、実に学ぶことの多い教材です。

温故知新は本当なのか？

孔子が残した『論語』にある温故知新。「故《ふる》きを温《たず》ねて、新しきを知る」と訓読しますが、日進月歩、秒進分歩とも言われる現代では、下手にこの言葉を出すと「老害」とも呼ばれそうです。しかし、これは「なぜ歴史を学ぶのか」という問いの答えでもあります。

私自身、専門である「失敗学」はまさに「故きを温ねる」こと。先人の失敗を研究し、学び、それを活かしていくのです。そこからセオリーを導き出すのです。

よく耳にするたとえ話に「車輪の再発明」があります。車輪を知らない人はいないでしょう。

人類史において、車輪の発明は一大エポックです。車輪の発明によって、移動、物流は大きく効率化しました。古代、ピラミッドを作ったエジプト文明には車輪がありませんでした。巨大な前方後円墳を作った古代日本にも車輪はなく、「修羅」と呼ばれる道具を使っていた記録があります。さぞ、大変な作業だったでしょう。

しかし、車輪の発明後、大きな重量物を運ぶ手間は大きく削減されました。間違いなく車輪は近代文明を形作った要素の一つと言えます。

「車輪の再発明」という言葉は、「非常に便利な車輪」を知らないまま、苦労して一から再発明してしまうという「壮大なリソースの無駄遣い」のたとえです。

プログラマーの間では、先人が開発している汎用コードを知らず、時間をかけてまったく同じ機能のコードを書いてしまうケースを揶揄して用いることが多いようです。ちゃんと温故知新していれば、そんな無駄なリソースを割かなくてよかったのに。物理学、化学、経済学、経営学、天文学、どんな学問でも、先人の知恵を活かして損をすることはありません。

日本の「富山の薬売り」の話があります。江戸時代、富山では製薬産業が盛んでした。製造された薬は、「薬売り」が文字通り、背負子《しょいこ》に背負って、日本中を売り歩いたそうです。いまではめったに見かけなくなりましたが、「置き薬」というシステムも富山の薬売りが編み出した手法です。

置き薬をおいている家庭には、毎年薬売りが訪問します。そこでのやりとり、薬の消費状況、家庭状況などはすべて「大福帳」という手帖に書き残されます。博物館に所蔵されている大福帳の現物を見ると、いかに事細かく顧客情報が記録されているか、きっと驚くはず。そして「これはいまでいう顧客データベースであり、彼らがやっていたことはダイレクトマーケティングであり、ＣＲＭ（顧客関係管理）だ」と確信することでしょう。

「ああ、この子の母親の姉も、子どものころこういう熱を出していましたね。そのときはこの薬がよく効いたので、この子にも効くでしょう」

「この子の父方の家系では、夏場にお腹を壊す人が多かった。下痢止めを多めに入れておきましょう」

こんな会話が当たり前に行われていたそうです。この話を聞いて何を考えるのか。

富山の薬売りがしていたことは、いまのＤ２Ｃ、ダイレクトマーケティングでやろうとしていることと同じです。それはインターネット、コンピュータを活用することで、より高度になっているのです。富山の薬売りを知らずに、ダイレクトマーケティング、ＣＲＭを考案した人は、いわば「車輪の再発明」をしたのかもしれません。

ここで「とはいえ、江戸時代の商人が目指したことを現代のテクノロジーでさらに発展させたかたちで実現したのだから、わざわざ過去を見なくてもいいのではないか？」という声も聞こえてきそうです。

「より原始的でシンプルなかたちだからこそ、その本質が見える」

現代の顧客データベース、ＣＲＭの観点では見えにくくなっている、「手書きの大福帳」からは、商売の人間臭さが感じられます。何代にもわたって管理され、加筆されている大福帳には、「人の血が通っているよう」に思えるのです。現代のビジネスも、人を相手にする以上、人の血が通ったものでなければならないということを再確認させてくれる気がします。

物語の類型はシェイクスピアで出尽くしている

小説、演劇、映画、漫画など、物語を語るジャンルはたくさんありますが、悲劇、喜劇、あるいは恋愛もの、復讐もの、戦争もの、ピカレスク……ありとあらゆる物語の類型は、シェイクスピアの中にすべて出揃っているそうです。現代の物語はその類型を変形させたり、組み合わせたりしているに過ぎないのです。

だから、その後につくられたものがだめだということではありません。シェイクスピアを学ぶことで、物語の真髄を学ぶことができる。だからこそ「自分は何を物語るのか」を考えることができるのです。

ある漫画家は「誰も描いたことがないジャンルの漫画を描こう」と考えたそうです。そしてあっという間に絶望します。「すべて手塚治虫が描いている」と。何百冊にも及ぶ『手塚治虫漫画全集』にはヒット作から失敗作まで、あらゆる手塚漫画が収められていますが、それをすべて読むと、現在の漫画のほとんどのジャンルは網羅されているそうです。

西洋音楽は理論的に、12個の音の組み合わせでできています。その組み合わせにはリズムが変わったとしても限界があるというのです。だから西洋音楽はもう限界だ、ということではありません。過去のありとあらゆる先人の音楽を学び、そこから「もうないのか」と考え尽くすことも一つです。また過去のものからインスパイアされて、より良いものに改良していくことも重要な音楽家の仕事です。

シェイクスピアも手塚治虫も同じです。「もう書き尽くされている」からおしまいなのではなく、後進は、より高い次元からスタートできると考えるべきです。


スポーツも同じで、陸上競技の記録はますます向上しています。1980年代は100mで10秒の壁を破った選手はほんの数人しかいませんでした。いまでは、毎年のように9秒台の記録が出ています。アジア人には無理だとも言われていましたが、すでに何人もの日本人が10秒の壁を破っています。

人間の体が変わったのではありません。先人が積み重ねてきた経験、トレーニング理論、医学が相まって、記録が向上しているのです。プロ野球選手も、体のケアの方法、トレーニング方法は進化しています。かつては30歳を超えるプロ選手は少数派でしたが、いまでは30代なかばの選手は珍しくなく、40代の選手さえいるのです。これはこれまでのトレーニング理論の蓄積、体のケア技術の蓄積から、常に新しいものが、より良いものが生み出されているからだと言えるでしょう。

あなた自身の「源泉」は何か？

さらに最近の話題で外すことができないものとして、将棋があります。藤井聡太八冠の活躍に注目が集まっていますが、プロ棋士は例外なく「過去の棋譜」を徹底的に読み込みます。江戸時代の棋譜まで遡ると言います。そこには「定跡」があります。そう、セオリーです。プロ棋士は全員、そのセオリーを頭に叩き込んでいるのです。初期の将棋ＡＩは、徹底的に過去の棋譜を記録し、その中から最善手を探し出すというプログラムでした。だから、「どれだけ多くの棋譜を読んでいるか」「いかに速く、最善手を発見できるか」という、コンピュータのスペック、プログラムの効率が優先されていました。そして、そのかたちのＡＩでは、人間と互角まではいってても、なかなか勝てなかったのです。

人間は「過去の棋譜」から学び、次のより良い一手を常に探し出そうとしていたからです。

近年、将棋ＡＩには革命が起こっています。ディープラーニングです。この将棋ＡＩは、過去の棋譜は読み込んでいる。定跡を知っているのです。その上で、「次の一手」を考え出そうとしているのです。ここで、人間と互角以上になりつつあるのだと言えるでしょう。優れたプログラマーは先人のコードを必ず読み込みます。プロ棋士は先人の棋譜を読み込み、そこを自分の研究のスタート地点にします。スポーツ選手も、先人が経験したこと、理論を活かしていきます。作家で一切先人の物語に触れたことがない人はいないでしょう。漫画家だって、たくさんの漫画を読んできているはずです。それは彼らの血肉になっている。

同じことはビジネスでも、起業でも言えるのです。ＭＢＡにおいて徹底的にケーススタディを学ぶのはその重要さがわかっているからです。アントレプレナーシップ教育でも、過去の起業、ビジネス、失敗の数々を徹底的に学びます。

これから、誰もやったことがないビジネスをやるのだ。

そう思っている人にとって、過去を学ぶことは無駄に見えるかもしれません。時代が違う。社会は変化している。いいえ、そこには、普遍のセオリーがあります、不変のものがあります。セオリーこそが、最新のプラクティスを生み出すエネルギーになるのです。

古いものを活かすも殺すも自分次第です。最近のフランス料理の世界では、日本の味噌を活用するレシピがあるそうです。日本料理人でも西洋の食材を積極的に使用する人は珍しくありません。彼らは、先人のレシピを熟知し、それを武器とし、更にその武器を磨くために新しいものを取り入れているのです。プロ棋士は過去の棋譜を読み込み、自分のものとし、徹底的に研究を重ねます。そこから新たな定跡が生み出されていくのです。

１９９０年代半ば、ようやく一般に普及し始めたパソコン。その時代に先んじて「コンピュータグラフィクスによるイラスト制作」に取り組んでいたのは、当時すでに重鎮だった、横尾忠則氏だったそうです。あのピカソも美術の基礎であるクロッキー、デッサンを極めた上で、徹底した抽象画に移行しています。セオリーを知り尽くした人こそ、新しいものを最大活用できるのかもしれません。

私にとっては、そのセオリー、武器の一つが、ピーター・ドラッカーです。繰り返しになりますが、彼のことばは私のなかに刻み込まれています。

自分で道を切り拓け。

予測不能なＶＵＣＡの時代だからこそ、自分で未来をつくれ。

だからこそ、最新の物語を紡ぐ人はシェイクスピアに触れます。手塚治虫を読みます。先人が遺したものを学びます。そこに、普遍であり、不変なものがあるからです。それは新しいものを生み出す源泉になっているからです。**あなたにとっての普遍、不変の源泉はなんでしょうか？**

それに答えられることも大事だと思います。

合理的であるか否か

2023年の夏、話題になったことがあります。夏の高校野球、甲子園大会で神奈川県代表の慶應義塾高校が優勝しました。なんと107年ぶりの出来事だと言います。エリート校として有名ですが、スポーツ推薦はなく（推薦はありますが、スポーツの成績だけで出願することはできません）、文武両道ということが注目されました。そして、それ以上に「長髪」「長時間の練習なし」が話題となり、「エンジョイ・ベースボール」「自分で考える」といった、前監督である上田氏そして監督の森林氏のポリシーにも注目が集まりました。

甲子園大会の常連校、優勝するような高校は、厳しい練習が当たり前であり、体育会系と言われる厳しい上下関係が存在し、もちろん、坊主頭、短髪が半ば強制されている。そんなイメージがつきまといます。実際、甲子園中継を見ると、多くは坊主頭です。有名進学校の選手でも、スポーツ推薦で入学しているケースが多いです。とくにスポーツ推薦そのものを否定するつもりはありません。それも強豪校として立派な選択の一つです。しかし、そうしなければ、甲子園で戦えるような強いチームは作れない、と長らく考えられてきたことも事実です。

「2023年は慶應義塾高校に、たまたま強力な選手がいただけじゃないの？」と言われるかもしれません。実はそうではないのです。2008年、2018年にも夏の甲子園に出場していますし、強豪校が多い神奈川県大会で、ベスト8以上の常連校です。一般的にイメージされる「きつい練習」「厳しい規則」「坊主頭」は、古くから存在しないそうです。昔から野球部でも長髪でした。

この夏の出来事が注目され、日本の野球部、運動部に蔓延する古い体質が指摘される流れがありました。長時間の練習を強要する、パワハラまがいの指導をする、非合理的な規則が存在する、などです。

ここで、慶應義塾高校野球部のwebsiteを見てみると、少し驚きがあります。

「日本一になろう。日本一になりたいと思わないものはなれない。Enjoy baseball」

この言葉で始まる「部訓」は、「礼儀正しくあれ」「時間厳守」「悪口を言うな」「不運を嘆くな」「闘争心を持て」「グラウンド、用具は大事に」「グラウンドでは大きな声を出せ」「カッコいい生き方をしたい」「エンドレス（いつまでもやってやろうじゃないか）」などと、なかなかの長文です。しかも、一言一言を取れば、厳しいことも書かれています。

もう一つの「心得」も興味深いものです。たしかに、坊主頭にしろといった言葉はありませんが、その服装や態度については事細かく、規則が決められています。さまざまな報道で言及された「自由闊達で明るい野球部」というイメージですが、それだけではない厳しさがあります。

「なんだ、慶應高校の野球部も、他と少し違うだけで、同じなんだ」

これは間違った反応です。その厳しさは、「身だしなみを整えなさい」「先輩、先達を敬いなさい」「周囲への感謝を忘れない」「紳士であれ」といった、「人としての生き方」につながるものばかりです。根拠なき根性論とは一線を画すものがあります。

多くの人は2023年夏の慶應義塾高校の活躍とその後の報道を見て、「旧態依然とした高校野球界はだめなんだ」「新しく生まれ変わらなければ」と感じられたと思います。私もそれに賛成です。

そして、慶應義塾高校野球部が守る伝統も大事にしたいのです。そこに書かれていることこそ、「普遍」で「不変」なものなのです。若者がスポーツに打ち込む、その本質的な理由がそこに書かれています。そして、他の多くの高校スポーツでも、いま「古臭い体質」「旧態依然」と言われるような組織、仕組み、たとえば丸坊主も、元を正せば、同じ根から育っています。ただ、それらの多くは目的が忘れられ、手段が目的化し、時代に合わせた検証がされなかったのです。丸坊主のほうが野球がうまいという合理的な理由はありません。そして、短時間練習でも成果を出せる合理的な方法はありますし、そこに髪の長さは関係ありません。

本来の温故知新とは、こういうことなのです。「古いものはだめだ」でもなく、「古いものはいい」でもない。変えるべきところは変える。社会の価値観も、テクノロジーも変わっていきます。それに合わない古い部分は変化しなければなりません。その中で、普遍であり不変なものを大切にし、それが何かを「故きを温ねて」明らかにする。だからこそ、変化は進化になるのです。

もしも、慶應義塾高校野球部の「部訓」「心得」を知らないまま、「よし、規則をなくして、自由に野球をやらせよう」という野球部があったとしたら。その多くは、結果につながらないでしょう。大切なものも一緒に捨ててしまうことになるのです。

ゼロから1を生み出す人、1を100に成長させる人

事業を行う人にもさまざまなタイプがいます。中でも大きな分類は、「起こす人」「育てる人」です。バブソン大学では前者を「Creativity」、後者を「Scalability」とつなげて、いずれもEntrepreneurial Leaderに求められる資質として教育しています。それまでにないアイデアのサービス、商品を考え付き、ゼロから1を生み出す能力は素晴らしいものです。しかし、その人が1から100へ事業を成長させる力を併せ持っている可能性は高くありません。誰もが大谷翔平ではないので、二刀流は希少なのです。

日本での経営の神様、松下幸之助氏、本田宗一郎氏などに関する著書を読み、「経営者かくあるべし」と憧れるかもしれません。そんな世界でも稀な「二刀流の経営者」は、容易に真似できるものではありません。ビル・ゲイツ、スティーブ・ジョブズだって、少し調べると、一人ではなかったことがわかります。参謀というよりも、「Scale upする人」が近くにいたのです。「Creativeな人」には、起業して目処が立ったら会社をバイアウトし、次の起業に取り掛かるという、永遠に起業し続けようとする人もいます（通称：シリアルアントレプレナー）。そういう人は、きっと、1から増やす情熱よりも、ゼロから1を生み出すことが大好きなのでしょう。

「0→1 Createする力」「1→100 Scaleする力」は、どちらかが優れているというものではなく、異なる能力です。

企業内起業の場合、多くの成功例は部門横断を得意とするインターナルの第一人者、すなわちイントラプレナーの存在が不可欠と言われています。ここで、面白いのは、大企業であるからこそ、周囲に優秀な「1→100 Scaleする人」が存在するケースが多いという点です。

歴史ある企業であるからこそ、新しいことへのチャレンジには難しい点もありますが、一度スタートすれば周囲の力を巻き込みやすい環境だといえるかもしれません。

名選手は必ずしも名監督にはなれない？

「0→1 Createする人」と「1→100 Scaleする人」の違いで、面白い例があります。日本の、たとえばプロ野球の場合、各チームの監督のほとんどは「元スター選手」です。ところが、アメリカのプロスポーツでは違います。中でも、世界でもっとも商業的に成功しているスポーツリーグといわれる、アメリカンフットボール、NFLでは、日本でいう監督、ヘッドコーチをはじめとするコーチ陣に元有名選手はほとんどいません。選手時代はずっと控え選手だったヘッドコーチ、大学で選手を諦めたヘッドコーチもいます。そして、それ以上に「選手経験がないコーチ」が多数存在します。「選手として求められる能力」と「コーチに求められる能力」がまったく異なるからです。

選手には、まず、ずば抜けた身体能力が求められます。それが前提条件です。そこに戦術を理解する頭脳があって、実績を残せるスター選手になれる条件が揃うのです。ここに「戦略を考えてチームメイキングをし、集めた選手をマネジメントし、状況に合わせた戦術を駆使してチームを勝利に導く能力」はさほど関係ありません。

だから、NFLでは引退した選手は、まったく別の仕事に就きます。知名度が高いスター選手でQB（クォーターバック：攻撃のリーダー）などを経験して戦術眼に優れた人材は、テレビのNFL放送でコメンテーターになったりしますが、これは極めて少数派です。ほとんどの選手は、まったく畑違いの仕事に就きます。そのための教育プログラムをリーグで提供しているほどです。

では、どんな人がヘッドコーチをしているのかというと、若いころから、チームマネジメントを学び、コーチングを学んでいる人です。高校のチーム、大学のチームで実績を積み、NFLにコーチとして呼ばれる人もいます。チームの職員として雇用され、コーチとして見出される人もいます。彼らは「ヘッドコーチになるため」に学び、努力をしています。だから、30代のヘッドコーチもいます。ベテラン選手より若いヘッドコーチもいるのです。

アメリカンフットボールは、もっともポジションごとの分業化が激しいスポーツです。それはチーム運営でも同じこと、ヘッドコーチにはヘッドコーチに適した人材が当てられるわけです。

これは会社でも同じです。営業として目覚ましい成績を上げた人が、出世してみると後進を育てられない、マネジメントできないというケースは誰しも聞いたことがあるのではないでしょうか。創業期、つまりゼロから1を生み出す段階と、組織として事業を拡大する段階、1を100にする段階では、適した人材は違います。そのどちらにも目配りできることは必要ですが、自分がどちらをより好きなのか、得意なのかを意識して、その強みに集中特化することが成功の鍵を握ります。

NFLとNPBの違いから見える、日米の経営への考えかたの相違点

NFLの話題が出たので、日米の考えかたの違いをスポーツビジネスの視点から少し見てみましょう。アメリカ4大スポーツの一つであり、「もっとも成功したスポーツビジネス」とも言われているのがNFLです。その運営には特徴的なポイントがいくつかあります。

まず「徹底した地域密着」です。日本でもサッカーのJリーグの運営方針は地域密着ですし、ＮＰＢでもかつての企業によるスポンサー色の強さは変化しつつあります。

しかし、日本での地域密着とＮＦＬのものは少しイメージが違います。特徴的なシステムは「ブラックアウト」です。なんとスタジアムチケットの売上が悪いと、「その試合の放送が中止される」のです。それも地元放送局だけで、です。試合を見るならまずスタジアムに来いというメッセージです。地元の人たちが応援しない＝チケットを買わないなら、試合を放送しない。このシステムは２０１４年に撤廃はされましたが、ここに見えるのは、「地域にも責任を持たせる」という考えかた。日本のような単純な「地域貢献」とは異なります。

次に「サラリーキャップ」と「ドラフト制度」も特徴的です。どちらも目的は戦力の均衡化によるリーグの活性化です。特定の強豪チームが生まれないようにする工夫だといえます。事実、ＮＦＬにおけるNo.１決定戦であるスーパーボウルを連覇したチームは、58回の歴史で9回（7チーム）しかありません。２０２２年にチャンピオンになったロサンゼルス・ラムズは、２０１９年シーズンはやっと勝ち越しできるレベルの成績でした。

いまは弱小のわが町のチームでも数年後にスーパーボウルに出場できるかもしれない。そういう期待が、ファンを支えると言えるのです。それを実現する「サラリーキャップ」は、チーム経営には極めて頭が痛い制度の一つです。簡単に言うと、「選手のサラリー総額の上限が決まっている」のです。

ＮＰＢでは、チーム内の選手年俸の総額は各チームに任されています。そのため、金持ち球団とそうでない球団との間で戦力の不均衡が生まれやすくなっています。ところがＮＦＬでは「すべてのチームで、選手全体のサラリー総額」は基本的に一律です。

たとえば比較的安いサラリーの若手選手が大活躍し、チームも好成績を収めたとします。その選手は当然、翌年の契約では高いサラリーを求めるでしょう。すると、その分、誰かのサラリーを削る必要があります。場合によっては、他チームへのトレードを検討しなければならなくなります。好成績を収めたチームの主力選手が翌年には他チームにいることは珍しくありません。

ドラフト制度も、徹底されています。ＮＰＢでは、競合となった場合くじ引きで指名権を獲得しますが、ＮＦＬでは「前年の成績下位のチームから指名」をしていきます。指名される選手も事前に「指名されたら契約する」という条件を飲んでノミネートしているので、日本のように指名後に契約で揉めることはありません。有力な新人は弱小チームに行くのです。面白いことに、ドラフトの指名権もチーム間で売買、トレードの対象になっています。

また最近のＮＦＬではルール変更も頻繁に行われています。その考えかたの基本は「選手の保護」です。強烈なコンタクトを伴うアメリカンフットボールでは、その備えとして見た目にも特徴的な防具、ヘルメットを使用します。それに加えて、危険なコンタクト、怪我の可能性が高いプレーはどんどん、反則として規制される傾向にあります。

こういった戦力の不均衡解消、危険なプレーの排除は、チーム経営、選手のコーチングに大きく影響します。先に述べた「名選手、名監督ならず」の理由の一つは、こういったマネジメントの高度化が影響しているのです。

日本では古くから「いいものを作れば売れる」という考えがあります。いいものさえ、真摯に作っていれば、きっと評価されるという考えです。しかし、これは間違っています。いいものを作るのは「前提条件」なのです。それを多くの人に知らしめ、広め、提供する手段を講じなければ、「売れません」。

ＮＦＬは、この考えを3つのターゲットに向けて実施しています。まずはファンに向けて。地域密着を地域貢献に留めず、地元のファンをチーム運営に参加させることで、当事者とする。次にコーチ、チーム経営に向けて。リーグを停滞させないための流動性、チームの変化を余儀なくし、それでも強いチームを作るマネジメント、コーチングを促す。

最後に、選手に向けて。デリケートな問題ですが、アメリカンフットボールは怪我が多いスポーツです。２０２３年のＷＢＣ（ワールド・ベースボール・クラシック）で注目を集めたヌートバー選手は高校時代まではアメリカンフットボールと野球の二刀流の選手でした。アメリカンフットボールでも大学のスカウト候補に上がっていたといいます。しかし、大学進学時にどちらかを選択することになり、「怪我が少なく、長くプレーできる野球」を選んだそうです。実際に、NFLの選手の平均的な現役年数は、3~5年です。1年で能力不足でカットされる選手も多いですし、怪我で引退する選手もいます。逆に20年以上トッププレイヤーとして活躍する選手もいます。しかし、圧倒的多数の選手は数年で現役を退くのです。これではNFL選手を目指す若者は減っていきます。そこで、NFLは「引退後のセカンドライフ」への対応として選手への教育を実施しているのです。

アメリカ型の考えかたがすべて優れているとは、思いません。しかし、NFLの考えかたの根底には「いかにリーグを活性化させ、それを維持させるか」という視点があります。そのために、チームの戦力をいかに均衡化するか、ファンをどう動かすか、競技人口をいかに増やすかが考えられています。

この強い目的意識は、日本式経営ではなかなか見られないものです。言うなれば、特定のチームだけが強くなり、リーグの魅力が低下することを、リーグ全体で防いでいるのです。

あらゆるものは道具に過ぎない

2022年3月、NASAは「2040年までに人類が火星を歩けるようにする」と発表しました。人類が地球以外の天体、月に初めて降り立ったのは記録上では１９６９年、アポロ11号によるものです。月面への有人探査を計画したアポロ計画は、１９６１年に当時のケネディ米大統領が決断し、推し進めた計画です。アポロ計画当時は、米ソ冷戦構造の真っただ中で、宇宙開発競争が激化していました。今、はたして当時のような熱があるかどうか、予算が確保できるかどうかは不透明です。

この宇宙開発に絶対に欠かせないものが、ロケットです。地表から宇宙にものを打ち上げる。アポロ11号を打ち上げたサターンV型ロケットは、高さ１００mを超える巨大なものです。このサターンV型ロケットを設計したのは、ヴェルナー・フォン・ブラウン、ドイツ出身で第二次大戦後のアメリカ宇宙開発における科学者たちの中心人物です。

すでに触れましたが、フォン・ブラウン博士は、第二次大戦中、ナチスドイツにおいて、ある兵器の開発に携わっていました。弾道ミサイルです。その成果であるV２ロケットは、ドイツ国内からロンドンを攻撃できました。超音速で飛来するV２ロケットは迎撃不可能だと恐れられましたが、高コストであり量産されなかったといいます。

このV２ロケットは、初めての弾道ミサイルであり、後のＩＣＢＭ（大陸間弾道ミサイル）をはじめ、あらゆるミサイル、ロケット兵器の原型です。宇宙開発ロケットもV２ロケットと基本的な構造は同じなのです。

もう一人、世界で最も有名な人物の一人、アルフレッド・ノーベルの話をしましょう。

「この惨めで半病人のアルフレッド・ノーベルは、この世にうぶ声をあげて登場したときに、人道的な医師によって窒息死させられていればよかった」

これはノーベル自身が、自分の兄に送った手紙の一節です。別に病気だったわけでも貧乏だったわけでもありません。当時の彼は、ダイナマイトの発明から得られた利益で、ゆとりある生活をしていました。

では、なぜこれほど自虐的な言葉を吐いたのか。かつて、工事現場で使われていた爆薬、ニトログリセリンには致命的な欠陥がありました。非常に不安定で、震動を加えるだけで勝手に爆発してしまうのです。馬車で運ぶときの震動でも爆発することがあり、事故が多発していました。科学者のノーベルは「爆発力がニトログリセリン並みに高く、扱いやすい爆薬」を考えていました。その研究の中で、ニトログリセリンを珪藻土に染み込ませて安定させることを思いつきます。すると爆発力まで向上したのです。

これがダイナマイトです。その結果、工事現場での事故は激減しました。しかし、ダイナマイトは、第一次、第二次世界大戦で大量に使用され、多くの人々の命を奪うことになります。このことを嘆いたノーベルは、その莫大な遺産を世界の科学発展、平和維持に活用することを望み、ノーベル賞が生まれたのです。

フォン・ブラウン、ノーベルの名前が出たならば、もう一人の科学者の名前も出てきます。アルバート・アインシュタイン。20世紀最高の科学者といわれる彼は、「$E=mc^2$」という世界一有名な数式を遺しました。この数式は、核融合、核分裂反応の基礎となっています。

つまり、原子力発電はアインシュタインの発想をもとに実用化されているのです。そして、核兵器も。アインシュタインは、広島、長崎への原爆投下を嘆き、「われわれは戦いには勝利したが、平和まで勝ち取ったわけではない」と演説しています。そして、1955年には、核兵器の廃絶や戦争の根絶、科学技術の平和利用などを世界各国に訴える内容のラッセル＝アインシュタイン宣言に署名し、科学の軍事利用への反対を強く表明しています。

ロケットもダイナマイトも核技術も、すべて、「道具」に過ぎません。それをどう活用するかは、人間が考えることです。ダイナマイトで戦争の被害者が増えたから、ダイナマイトを使用禁止にしようという発想には至っていません。ナイフで殺人が起こった場合、悪いのはナイフではなく、それで殺人を犯した人です。

起業家に必要なもの、倫理観

核兵器の脅威の責任がアインシュタインにないことは明らかです。

起業家の中には、新たな革新技術によって、あるいは既存の技術、アイデアでも、発想力や想像力によって使い方を変えることで、これまでにないビジネスを起こそうとしているケースも多くあります。テクノロジー、アイデアは、それだけではただの「道具」または「素材」に過ぎません。どう活かしていくかは、人に委ねられています。だからこそ、それを活かす人には、創造性だけでなく、倫理観が求められます。

倫理というと説教臭く感じるかもしれません。

アントレプレナーは科学者ではありません。科学技術を活用する立場にあります。別にテクノロジーに根ざす起業ではなくても、何かのアイデアで起業するでしょう。何かを活かしていくと き、それがどのように周囲に影響を与えるのか。それは本当に正しいことなのか、常に自問自答を繰り返さなければなりません。

起業家は、ビジョンを有し、行動力に富み、周囲を巻き込む力を持っています。世界を変えたいと願っているはずです。それはとても大切なことです。しかし、だからこそ、自分がしようと思っていることをじっと見つめることも必要です。

人前で自分のビジョンを語り、不景気で苦しむ大衆の前で政治改革を語り、圧倒的多数の支持を得て、アドルフ・ヒトラーは独裁者となりました。彼は最初から独裁者を志し、好んで戦争に突き進んでいったのか、わからない部分もあります。もしかしたら、出発点はただ「苦しむ民衆を助けたい」だけだったのかもしれません。しかし、結果は歴史が示しています。

手に刃物を持つ人は、その刃物で多くの人を喜ばせる料理をつくることができる。しかし、同じ手で、同じ刃物で人を殺《あや》めることもできる。その能力をどう活かすかは、その人の倫理観にかかっています。

起業家は世界を変えようとする人です。周囲の人を巻き込んでいきます。だから、己を律する、倫理観が求められるのです。

プロダクティブ、アンプロダクティブ、ディストラクティブ

経営学者のウィリアム・ボーモル氏といえば「コスト病効果（ボーモル理論）」の提唱者として知られています。生産性の高い業界がコスト高になると、生産性の低い業界でも価格上昇が避けられなくなるという原理であり、現代の経営学の基礎とも言える内容です。

そしてボーモル氏が残したもう一つの経済学の古典とも言える論文があります。"Entrepreneurship : Productive, Unproductive, and Destructive" です。アントレプレナーシップには種類がある。世の中を良くするために、単にアントレプレナーの数を増やすことではな

く、その質にこだわることが大事である、という主旨を説いたものです。

基本的に多くの起業家は「より良い世の中」を志向しています。いまよりも良い世の中にしたいと願っているのです。これは「プロダクティブ（生産的）」なEntrepreneurshipだといえます。

しかし、残念なことにプロダクティブではないものも存在します。その一つが、「アンプロダクティブ（非生産的）」なEntrepreneurshipです。脱税のためのトンネル会社をつくる。あるいは、補助金を得るために起業し、補助金を取り終えたら会社を解散する。新規事業を起こすと低利でお金を借りられるから、新規事業を立ち上げる。裏金や賄賂、詐欺行為など、ただお金を得るためだけに起業する、これらがその例です。もはや起業と呼びたくもありません。

もちろん、活用できる補助金や制度は最大限に活用するべきです。しかし、それはあくまでも手段の一つであって、目的とはなり得ません。もう一つ、「ディストラクティブ（破壊的）」なEntrepreneurshipにも触れなければなりません。これはたとえば、テロ組織、犯罪組織などの場合を指します。テロ組織などの中には「世界を変えたい」という夢があり、それを実行する行動があり、人を巻き込む力があります。要素だけを取り出せば、起業家と変わらないように見えます。

しかし、決定的に違うことがあります。それは「倫理観」です。どんな世界にしたいのか？そのためにしてもよいことは何で、何がだめなのか？

その判断は、その組織の倫理観によるのです。

お金儲けは悪いことなのか

日本では、お金儲けというと少しネガティブな印象があるかもしれません。たとえば、ある起業家が事業を起こして、軌道に乗ったところでバイアウトする。すると「結局、お金儲けだったんでしょう」と揶揄されてしまう。たとえば、プロ経営者としてあちこちの企業を渡り歩く人も、あまり良い目で見られません。プロ野球選手でも一つのチームに所属し続ける人はいいのですが、高額の給料をもらって移籍する選手に対して「金のためだろう」と冷ややかに見る人も珍しくありません。

どこかに「お金儲けは悪いこと」「お金儲けをしている人は、悪いことをしているんじゃないか」という思考があるように思います。たしかに、人を騙すようなことをして、金儲けに走ることは、よくない。

たとえば、いまだになくならない特殊詐欺。いわゆるオレオレ詐欺などですが、このスキームを最初に思いついた人には、語弊がありますが「アイデア」があります。クリエイティブな想像力、発想力があります。そして、一緒に詐欺を働く人を集める力があり、実際に実行する能力もあります。あえて語弊があることを承知でいうと、起業家としての資質があります。ただし、その資質の活かし方、方向が、大きく間違っているのです。破壊的なEntrepreneurshipは不幸しか生みません。

ＩＴの世界でも同じことがあります。優秀なプログラマー、エンジニアは世界にたくさんいます。なかには画期的なプログラムを生み出す人もいる。その画期的な発想の一つが、すでに古典ともいわれるマルウェアの原型の一つ「トロイの木馬」です。今も、世界中で数多くのウイルス、マルウェアがはびこっており、それを活用した詐欺が横行しています。

一方で、それらへの対策を行うさまざまなサービス、対抗プログラムを開発しているプログラマーもいます。そこで求められる才能、技術は、ほとんど同じだといいます。片や詐欺を行うため、片やそれを止めるため、同じ能力を使っているのです。

きっとお金が儲かることと自体は悪いことではないのです。なぜなら、多くの日本人ビジネスパーソンが大好きな、松下幸之助も本田宗一郎も、お金を儲けたのです。日本人が嫌いなのは「ズルをしてお金儲けをする人」です。「悪いことをして、お金儲けをする人」です。「楽をしてお金儲けをする人」です。

そうはいっても、他人の目はそれほど気にしなくてもいいのです。それよりも、自分自身に対し、「それはズルをしていないか」「悪いことではないのか」という視点で問いかける習慣が必要なのです。

正義感と倫理観の違い

２０１３年の新聞広告クリエーティブコンテストで最優秀賞を取った作品のキャッチコピーは以下のようなものです。

「ボクのおとうさんは、桃太郎というやつに殺されました。」

その後、さまざまな小説投稿サイト、同人漫画で、鬼目線の桃太郎が描かれました。桃太郎は、人間を襲い金品を奪っている鬼を退治する物語です。しかし、物語ではその鬼の悪行が明確に描かれていないこと、鬼＝悪という前提で物語が進むことから、このような「逆説」が可能になりました。

戦争のほとんどは、それぞれの国の正義のもとに行われています。正義感はとても大切ですが、気をつけなければいけないポイントは、正義とは主観だということです。つまり、人によって、変わるものです。そして、最も怖いのは「正義感は視界を狭くする可能性がある」という点です。つまり、正義は主観的、相対的なものだということに気づきにくいのです。

いま、ほとんどの人は、戦争は可能な限り避けなければならない、暴力は悪だと認識しています。しかし、第二次世界大戦当時、多くの日本人は「鬼畜米英」と叫び、敵国を打ち負かすことを正義ととらえていました。二・二六事件でクーデターを起こした青年将校たちも、彼らなりの正義感で行動していました。中東での紛争も、多くの要因が絡んでいますが、それぞれの「正義」のもとに、戦争が起こっています。

正義とは、その個人、集団によって異なります。正義を普遍的なものととらえると、自分が信じる正義と異なる正義は認めることができず、争いになります。

一方、「自分はどうあるべきか」を考えるのが倫理です。起業家ならば「自分の事業はどうあるべきか」を考える、それが起業の倫理です。自分や自分の事業のあるべき姿が、人によって違っているのは当たり前です。

「自主自律」

この言葉は、多くの人が耳にしたことがあると思います。多くの学校で校訓、教育目標として掲げられているようです。

「他人や周りからの干渉や制約などを受けず、自発的に自分自身で考えて行動し、自分自身の規範に従って己を律すること。自主性や自律性を備えていること」と解釈されることが多いようです。この「自分自身の規範に従って己を律すること」の部分が「自律」です。よく似た言葉に「自主自立」がありますが、こちらは「自主的であり、かつ、他人などの世話にはならずに自分の力だけで独り立ちしていること」と解釈されます。他人を巻き込み、周囲とともに動いていく起業家は「独り」ではありません。

自分自身を、自分の決めた規範で律することが必要です。Entrepreneurshipとは、人生を自分らしく生きるための羅針盤。だからこそ「倫理観」が欠かせないのです。規範は自分自身が決めます。もしそこに「人を騙してもいいから、お金儲けを第一にしたい」という規範を設定すると、特殊詐欺師が生まれるかもしれません。「大衆を騙してもいいから、この国を牛耳ってやろう」ということが規範であると考えると、独裁者が生まれるかもしれません。

起業家は、夢を持っています。○○を実現したい、○○をなくしたい、世界を変えたい。そして行動し、人が集まり、お金も集まり、大きなうねりが生まれます。そして、夢に向かって進んでいく。そのとき、さまざまな分岐点があります。判断をしなければならないときが訪れます。その判断基準が何か。

このほうがお金が集まりやすい
このほうが周囲の同意が得られやすい
このほうが近道だ

さまざまな判断基準があります。ここで重要なのは「そもそも何がしたいのか」です。近道でも、お金が集まりやすくても、もともとの目的に合致していない選択肢は選ぶべきではありません。それを選んだ段階から、当初の夢がぶれていくからです。

悩んだとき、どうするのかを考える、そんなときに役立つのが倫理です。さまざまな選択肢が目の前にあるとき、悩んだら、

そもそも、自分は何をしたいのか
それは最初の夢に合致しているのか
それをして、自分自身に対して、何も後ろめたさはないのか
家族に対して、胸を張って、自慢できることなのか

この基準を外してはいけないのです。

アイデアと力を持つ人は倫理観を持たなくてはならない

2018年、ある事件が話題になりました。「かぼちゃの馬車事件」といわれるこの事件は、シェアハウスとサブリースの仕組みを組み合わせた、不動産投資に係わる事件です。

1　S社は、女性専用のシェアハウスブランド「かぼちゃの馬車」を展開する

2　S社は多くの人に、いわゆる不動産投資として「かぼちゃの馬車のオーナー」となるよう募集をかける
3　S社はオーナーに対して「サブリース契約」を展開
4　不動産購入、建物の建築費用を負担できないオーナーでも、S銀行が融資を行う

これだけ見ると、なんら問題はない不動産投資のケースです。不動産賃貸料が高い都市部に少々狭くてもいい、安く家を借りたいが、安い物件だと女性は不安というニーズに対して、「女性専用のシェアハウス」という事業は、的を射ています。ニーズが見込めるならば、不動産投資のかたちで資金を集め、事業を広く展開していく流れは珍しいものではありません。

しかし、実際には問題だらけでした。S社がオーナーと契約したサブリース契約は、契約時に見込まれる家賃収入が過大に設定されており、支払われる家賃をS社の都合であとから減額できる契約になっていました。オーナーは当初の契約で見込まれる家賃をもとに、収入を試算し銀行から借り入れる金額を割り出しますが、その試算が根拠のないものだったのです。しかもS銀行も融資の審査を甘く設定し、じゃぶじゃぶと貸しつけていました。行内規定に反した融資もあったようです。

結果、多くのシェアハウスに入居者は集まらず、オーナーは試算以下の収入しか得られず、銀行からの借入金さえ返済できない状態に陥りました。

S社は、シェアハウス建築にあたって建築会社から多額のキックバックも得ていました。S銀行とも協力してゆるい審査での融資を行い、大量のシェアハウスを短期間に展開したのです。

本当に「女性のためのシェアハウス事業」ならばよかったのですが、これでは「短期決戦でお金を儲けただけ」です。それも法的に問題はないものの、実際には詐欺に近い行為だといえます。

S社の創業者は、「女性だけのシェアハウス」というアイデアを持っていました。S銀行はお金を用立てる力を持っていました。しかし、残念ながらそこに倫理観が欠けていた。

この事件は、実際に投資を行った人への被害にとどまらず、大きな弊害を残しました。不動産投資、不動産のサブリース契約への過度の不信感です。不動産投資もサブリース契約も、どちらも適切に活用すれば、メリットがあるスキームです。しかし、この事件以降、負のイメージがつきまとうようになってしまったことは否めません。

資本主義とは、夢を叶えるために資本を活用することだ

起業するとき、誰でも最初は「夢」を持っています。世界を変えてやろう、○○を実現しようという夢です。ところが、事業が軌道に乗ってくるタイミングで、ぶれてしまうことがよくあります。最終目的＝夢を実現するために、そこに至る過程を分解し、それぞれの過程で目標を設定

し、一つ一つそれを達成していくのですが、その過程で「目標を見誤る」ことがあるのです。間違えたなら、修正すればいいのですが、その修正がうまくいかない場合があります。

たとえば、「健康で長生きしたい」と考えたとき、そのために「体重を適正に保とう」という分解した小目標を設定したとします。これを実現するために「適度な運動を継続していく」という手段を講じます。

ここで起こりがちなのが「運動」という手段が目的化することです。「毎日、何キロジョギングすること」が目的となってしまい、体調が少々悪くても、足が痛くても、「走らないと」という義務感に囚われて、走ってしまう。その結果、体を壊す。見事に手段が目的化して、本来の目的を見失ったケースです。

ビジネスでも、こうしたことはよく起こります。たとえば、CO_2排出量を減らしたい、地球温暖化を食い止めたいという大きな目的を持っていたとします。その一手段として、太陽光発電を事業化しようとして起業した会社が、いつのまにか「ただ太陽光発電パネルを売ることだけに執着してしまう」といったことが起こりえます。もしかしたら、太陽光発電パネルの製造工程で大量のCO_2排出が起こっているかもしれない。そのことは無視してしまいます。CO_2排出量削減が目的だったのに、太陽光パネル普及にすり替わってしまったのです。

飼い主の手を離れて保健所で処分されてしまうペットの命を救いたいという夢を持って、ペットのマッチングサービスを事業化したとします。ペットを飼いたい人は多く、利益が出るようになりました。しかし、やはり人気のペットには偏りがあります。基本的には最低限の手数料でペットをマッチングしていたのですが、人気の種類のペットは少し手数料を高く設定して、会社の運営に役立てようと考えました。すると大きく利益が出るようになってきました。その結果、一部の人気の種類以外のペットについて、従業員が積極的にマッチングしなくなっていきました。

これも、処分されるペットを減らしたいという夢から、ペットのマッチングサービスという手段を講じ、事業化したものの、「マッチングによる利益」が目的化してしまったケースです。

事業を進める過程で、軌道に乗ってくるということは、利益が出ているということです。すると利益が出ることに囚われてしまい、目的がぶれてしまうということが起こりえます。

自動車は何のために購入するのでしょう。移動するため、多くの荷物を運ぶため、です。決して、タンクをガソリンで満たすため、ではありません。これは誰だって理解できるはずです。

ならば、こう言い換えた場合はどうでしょう。自動車を会社に、ガソリンをお金に。

会社には目的があります、ビジョンがあります。そのためにお金は欠かせません。しかし、お金を集めることが会社の目的ではない。こう言うと「資本主義というのは、お金儲け主義なんだから、企業はお金を儲けるために存在するんだ」と反論する人がいるかもしれません。

それは間違いです。資本主義とは、夢を叶えるために資本を活用する、ということです。

倫理観は失われる

この章で、フォン・ブラウン、アルフレッド・ノーベル、アインシュタインの逸話を紹介しました。これに加えるなら、人類を救った発明と言われる「ハーバー・ボッシュ法」も発明が兵器に応用されたケースに当たるでしょう。窒素化合物の原料となるアンモニアを大気から効率的に合成する方法であり、これが実用化されたことで化学合成肥料が安価に大量生産できるようになりました。人口爆発が始まり、食糧不足が懸念されていた20世紀初頭、ハーバー・ボッシュ法の確立は、まさに世界の食糧危機を救ったのです。しかし、ここで引き合いに出すからには、暗い側面が存在します。窒素化合物は、爆薬の原材料でもあったのです。それは第一次世界大戦で大量に使用されました。この発明には、何百万人の命を奪うという側面もあったのです。

目的と手段を取り違えてはならない。これはこの章で繰り返し語ってきたことです。そして、忘れてはならないのは、「倫理観は失われやすいもの」ということです。正しく、倫理観を保って起業したとしても、事業を進めるうちに、いつしかその倫理観が埃をかぶってしまうことも多いのです。

日本で後を絶たない企業の不正事件として、食品偽装があります。21世紀に入っても、いくつもの事件が起こりました。消費期限の偽装、原材料の偽装、製法の偽装、産地の偽装。事件が原因で倒産に追い込まれた会社も少なくありません。倒産は免れても、関与した経営者はほとんどの場合、会社を追われています。老舗《しにせ》の料亭、船場吉兆の事件。悪質な偽装が明るみに出たミートホープ事件。こうした企業は最初から偽装をしようと思っていたのでしょうか。そういう会社も、もしかしたらあるかもしれません。しかし、多くはそうではないと思います。

意志を持って起業し、会社を成長させよう、社会に貢献しようと考えていたのではないでしょうか。しかし、さまざまな背景があって、「もっと利益を上げたい」「こうしたら儲かる」「このままでは赤字になってしまう」といった局面に至ったのでしょう。そこに、悪魔が囁くのです。

「少しくらい、ごまかしても誰もわからないよ」
「たったこれだけのことで、これだけ利益が増えるんだ」

結果は皆さんもご存じのとおりです。悪事はバレる。悪魔の囁きから逃れる方法は一つです。

「**いまの自分が好きですか？**」（自分という存在に誠実に向き合えていますか？）

これを自分に問い直すことです。コンプライアンス、法令遵守は当然です。しかし、法律が語っているのは、「最低ライン」です。これ以上は犯罪だという線引きです。食品偽装は犯罪ですが、ギリギリで犯罪にならないラインを狙って、「これなら法律違反になりません」という囁きが聞こえることもある。得てして、事業を始め、軌道に乗って、利益が出始めたころに、悪魔の囁きが始まる傾向にあるようです。

日本では古くから「お天道様が見ている」という言葉があります。誰にもバレていない。法律にも引っかからない。でも、「お天道様」に胸を張って、顔を向けられますか？　誰も見ていないところでの言動が、真のその人の誠を投影する。経営者がよく使うintegrityという言葉そのものです。

リーダーの倫理観は、組織の倫理観に大きな影響を及ぼす

なぜ、この章で「倫理」を取り上げたのか。それはリーダーの倫理観が会社にとって極めて重要だからです。いかにリーダーが優れた倫理観をもち経営にあたっていても、組織の中で倫理観が失われることはありえます。しかし、そもそもリーダーに倫理観がない組織では、１００％、組織の倫理観は喪失されます。

・とにかく結果にこだわれ。手段は問うな。
・法に触れなければ何をしてもいい。
・バレなければ、不正をはたらいてもどうということはない。

・正直者は馬鹿を見る。

極論すれば、リーダーが部下に対してこれに近い言葉をボヤいていれば、組織の倫理観は失われていきます。よく、企業で組織の末端の不祥事が発覚した場合、トップの責任が追及されるケースがあります。処分をすれば良いという問題ではない、ということは何度も述べました。でも、これが理に叶っていることも多いのです。詳細について知らなかったとしても、「不祥事を起こす土壌」＝「倫理観が欠如した環境」をつくってしまった背景に要因が潜んでいます。実は、一部の社員に責任を負わせ、事実上の「トカゲの尻尾切り」で済ませた企業では、高い確率で不祥事が再発します。

また、起業後、事業が軌道に乗り始めると、出資者の中には「もっとリターンを」「もっと早く成長を」と言い出す人も出てきます。さらに資金調達を追加で行うとステークホルダーが増えていきます。上場すればさらに環境が変わります。多くの関係者がさまざまなことを要求し始めます。相反する要求をさばかなければなりません。中には倫理的にギリギリの要求もありえます。「ならば、とにかく利益を増やさなければ」「売上を急成長させなければ」。巡り巡って、そのために手段を選んでいられないという気持ちになることもあるのです。

はっきり言いましょう。だから倫理が求められるのです。ここで間違った方向に舵を切らないために。ビジョンを優先し、胸を張って夢を叶えていくために。

倫理観があるから、起業道になる

私はバブソン大学で何を教えているのかと問われると、こう答えます、「失敗学と起業道です」と。失敗学については、第三章で触れました。ここではもう一つ、「起業道」について話したいと思います。

起業に道なんてあるのかと問われるかもしれません。いわゆる英語の「way」だと、手段とか方法になってしまいますが、私がいう「起業道」はそれとは異なります。近いのは「武道」「剣道」「柔道」「茶道」「華道」「武士道」など、いわゆる日本的な「道」です。中国では「TAO（道）」という概念があるそうです。

この「道」はとても定義が難しいのですが、たとえば、柔道は明治時代に嘉納治五郎が生み出し、講道館柔道として世界に広まったものです。嘉納治五郎以前、数多くの柔術流派が存在しました。いまの柔道を知る人からすると信じられないことに、殴る蹴るがＯＫの流派もあったそうです。もともと、柔術も剣術も武術として同じもので、武器を使うかどうかの差しかなかった。柔術も、戦場での技術として発展したといいます。シンプルに「相手を倒す技術体系」でしかなかったわけです。

ところが、柔道、剣道に変化した段階で、「精神性」が加わっています。相手を倒すべき存在としてだけではなく、尊敬する相手として敬う。ルールに則って、正々堂々と戦う。自分自身の技術向上と同時に精神面での成長も重視する。

日本のアマチュアスポーツ界では、「〜道」というものが反合理的な指導の遠因になっていたり、極度のパワハラの温床となっているという問題点はあります。そうした歪《いびつ》に変形した「道」の弊害がビジネスや教育も含めた日本社会のあらゆる場面で悲劇を引き起こしているという指摘には私も胸を痛めます。

しかし、本来の「道」はまさに自分を律するためのものであり、周囲に押しつけるのではなく自分自身が究めるものであるはずです。

事業を起こす技術は存在します。**私はそれだけではなく、「起業道」として、その技術に精神性、つまり倫理を加えた「起業道」として伝えていきたいのです。**

Entrepreneurshipには倫理観が不可欠だと私は思っています。だからこそ「起業道」になる。共感を得る、人を巻き込む、社会を変えるからには、己を律することが必要なのです。

真のアントレプレナーシップは
己を律する。

第六章

幸せを摑みとる

Entrepreneurs find happiness
from within.

勤勉な日本人、学ばない日本人

第四章で、現在日本で話題となっている「リスキリング」について、いまさらなにを？　ビジネスパーソンは「フォーエバー・スキリングだ」と述べました。そう、学び続けてこその人生なのです。ところが、ちょっと恐ろしい調査結果があります。

これは株式会社パーソル総合研究所が行った「グローバル就業実態・成長意識調査（2022年）」です。世界18ヵ国（地域）で働く人の就業実態、成長意識を調査したものですが、その中に「学習・自己啓発に対する自己投資」に関する質問があります。

日本の場合、「何もしていないし、今後も自己投資する予定はない」が42％、「今は何もしていないが、これからするつもり」が18％となっています。合わせると6割が、何もしていないのです。これは、この調査の対象になった18の国と地域の中で最低の数値です。平均値は「何もしていないし、今後も自己投資する予定はない」が11・6％、「今は何もしていないが、これからするつもり」が16％。インド、ベトナム、インドネシア、フィリピン、アメリカでは、すでに自己投資している人は8割を超えています。

日本だけが極端に「学ばない」のです。

一般的に日本人は勤勉だと言われます。なのに、半分以上の人が学ばない。これに違和感があ

社外の学習・自己啓発への自己投資

Q ご自身の勤務先以外での学習や自己啓発への投資について
あてはまるものをお選びください。(4段階尺度)

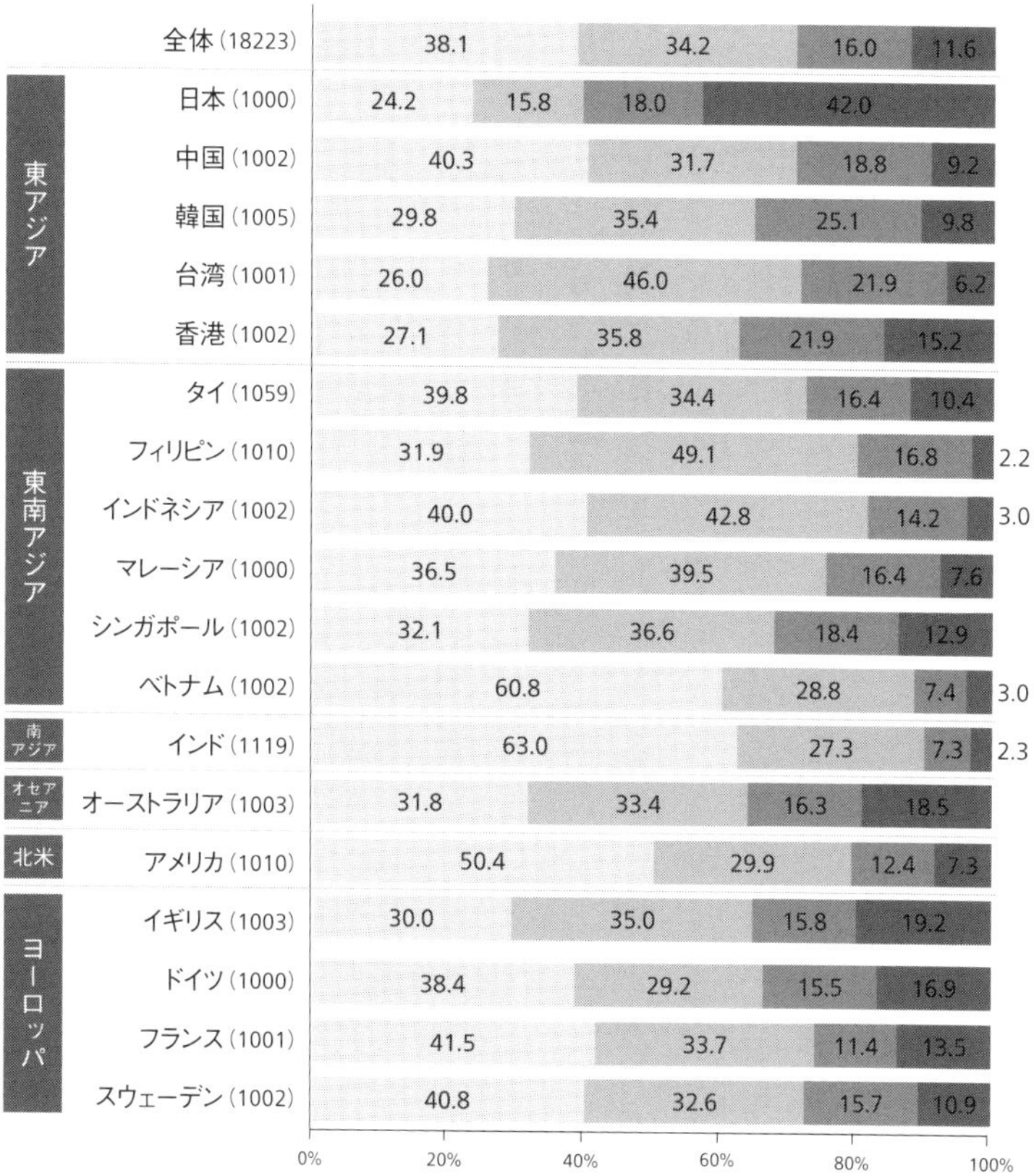

※ベースは「全数」、( )内は回答者数
パーソル総合研究所「グローバル就業実態・成長意識調査(2022年)」より作成

- 現在は自己投資しておらず、今後も投資する予定はない
- 現在は自己投資していないが、今後投資する予定だ
- 既に自己投資しており、今後増やす予定だ
- 既に自己投資しており、今後も同程度投資する予定だ

ると思っていると、知人がこんなことを言ったのです。

「まったく矛盾はない。勤勉なのは目の前の仕事に真面目に取り組んでいるだけで、新しいことにチャレンジすることを意味しない。そのままでいいと思っている人は珍しくない」

さらにその人は、あくまでも仮説に過ぎないけれどと断った上で「仕事、働くことに目標を見いだせないのではないか」と言います。その源泉は子供のころから親に「がんばって勉強しなさい。いい高校、いい大学に入って、いい会社に就職しなさい」と言われていたからではないかというのです。ある意味、多くの者が、会社に入った瞬間にまるでゴールしたかのような、夢を実現し終わったような満足感・達成感をもってしまう。

たしかに日本人は勤勉にがんばって子ども時代から勉強をし続けます。ＯＥＣＤが世界の15歳児を対象に実施した学力調査では、調査が開始された２０００年以来、日本は読解力で15位以内、数学リテラシーで一桁順位。科学リテラシーでは調査年のすべてで6位以内になっています。学生のころは学んでいるのです。しかし、その目的は「いい会社に入るため」なので、その先は学ばなくなる。

大学だってそうです。日本の大学は「入りにくく、卒業しやすい」と言われます。欧米の大学は逆で、比較的入学しやすいが、在学中にサボるとあっという間にドロップ・アウトしてしまいます。卒業するほうが難しいのです。

企業も型通りの新人研修を受けさせたら、ＯＪＴ（オン・ザ・ジョブ・トレーニング）という名の、教育とも言えない教育でお茶を濁します。あるいは、お仕着せの管理職研修です。数時間、あるいは何日か、研修を義務感で受講して、おしまい。ひどい場合は、研修中でも顧客対応で抜け出します。

そんな環境で学びを進められる人は、よほどの強い意志があるとしかいいようがありません。

安全地帯は本当に安全地帯なのか？

そんな環境で「リスキリング」だと言われても、そんなに都合よく浸透するとは思えないのが現状です。「リスキリング」などと新しい言葉を使っていますが、「これまで経理でがんばってきてくれたが、SaaSを導入したので、経理部員は半分に減らせる。余った人の首を斬るわけにはいかないので、他の部署で働いてほしい」というたぐいの話だったりするのではないでしょうか。その他の部署とは、多くの場合「ＩＴ関連部署」や「営業部」で、そこで働くスキルを学んでもらう必要がある、という話です。

政府はＩＴ人材の育成への取り組みを以前から行っていますが、なかなか成果が出ていません。このまま推移すれば、２０３０年に約79万人のＩＴ人材が不足するという試算もあります。それをリスキリングで何とかできないか、という文脈も見えてしまいます。

The comfort Zone

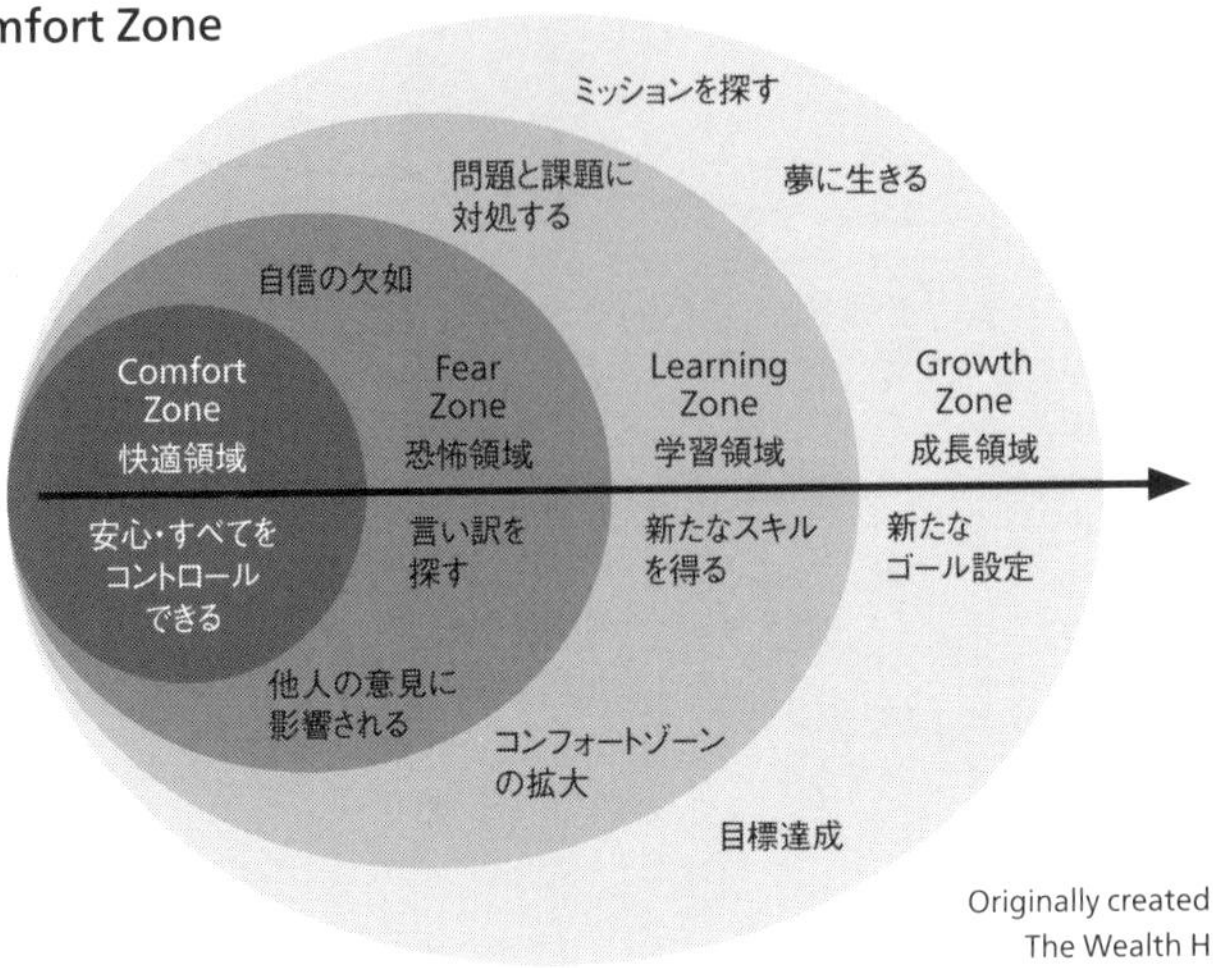

Originally created by
The Wealth Hike

経理を専門として10年、15年とがんばってきた人にとって、経理部は「安全地帯」です。培ってきたスキル、知見はそのまま活かせます。そこから「出ろ」と言われたら、それは「嫌だ」と思うでしょう。それまでのやり方を続ければ良く、新たなものも求められない。安全地帯、コンフォートゾーンです。誰しも、いま心地よい場所から出ていくのは恐ろしいものです。

これはコンフォートゾーンを解説した図ですが、コンフォートゾーンのすぐ外には「Fear Zone」、つまり、恐怖エリアがあるのです。それまでの自分が通用するかどうかもわからない世界。そんなところに行きたいでしょうか？

しかしその外には「Learning Zone」、学びがあり、そこを抜けると「Growth Zone」、成長が待っています。恐怖を超えれば、成長が待っているのです。ところが、まずは恐怖に直面する必要があるので、コンフォートゾーンから出たくない。なぜ怖いのか、それは知らないから、やったことがないから、先が読めないから、でしょう。

こんな話があります。地方のスーパーが人手不足を懸念して、セルフレジの導入を推進したそうです。慢性的な人手不足に対応できる。いまのレジ担当の人たちもずっと立ちっぱなしでレジを打ち続けるだけではなく、余剰時間ができて企画や販促といった生産性が高い仕事についてもらえる。経営陣はそう考えたそうですが、現場のレジ担当者のほとんどが反対したそうです。

「お客さまは機械のレジになんて慣れない」
「人と人の触れ合いが大事」
「新しい機械を入れる費用を出せるなら、給料を上げてほしい」

いわゆるDX推進時によく起こることなのですが、すべてをセルフレジにするわけでもないですし、給料アップとセルフレジ導入は別の話。レジだけでなく販促などに携わればそれこそ給料アップの可能性もあります。そこで、DX推進コンサルタントが根気よく話を聞き続けて、どうやらこれが本音らしいという話を聞き出すことができたというのです。

「ただレジを打つだけでいい。それで少し給料を上げてほしい」

これまでやってきた、慣れ親しんだレジ打ちだけをやっていたい。新しいことには取り組みたくない。そういう理由だったというのです。

まさに、コンフォートゾーンから出たくない、が反対理由だったのです。そのＤＸ推進コンサルタントは、驚いたといいます。そのコンサルタントは「誰しも単純作業から解放されて、生産性が高い仕事をしたいはずだ」と思っていたそうなのです。そうではない、単純作業で給料をもらうコンフォートゾーンにい続けたいという欲求があるということに気がつき、それを踏まえた対応に変えたそうです。

ところで、そのコンフォートゾーンは、本当に安全地帯なのでしょうか？　そのスーパーの話では、コンサルタントが考えたのは「従来のコンフォートゾーンをなくすこと」でした。レジ打ちだけの人は給料ダウン、セルフレジへの対応を学び販促や企画も担当する人は給料アップと明示したといいます。

いままで通りの居場所はないですよ、とはっきり伝えたそうです。するとたしかに反発はあったそうですが、ほとんどの人は新しい体制に最終的に納得したそうです。もちろん、最後まで抵抗し退職した人もいるそうですが、少数に留まったといいます。なんと、給料ダウンを受け入れて、仕事はそのままという人もいたそうです。

まさに人それぞれ、です。こうなってしまう原因は先ほどの「いい会社に入りなさい教育」にも一因があるでしょう。「いい会社に入る」ことは本来目的ではなく手段であるはずです。

最大の問題は、ビジョンがないことです。自己実現までいかないまでも、自分がどんな仕事をして、どんな人生を送るのかという大きな目的、いわばＫＧＩ（Key Goal Indicator）もないのです。どんな会社に入って、そのためにどんな大学で何を学ぶのか、どんな高校に入るのか、そのためにどんな勉強をするのか。それらはいわばＫＰＩ（Key Performance Indicator）です。成績や受験結果は数字で把握できます。そのＫＰＩはすべて、ＫＧＩ、ビジョンを実現するための指標です。ＫＧＩなきＫＰＩは、ただの数値にすぎません。人生のＫＧＩがない状態で「学びましょう」「コンフォートゾーンを出ましょう」といっても、難しいのかもしれません。

よくＷＥＢマーケティングを専門とする人で、さまざまな数値を重視する人がいます。ＰＶ、ＵＵ、滞在時間、ＣＶＲ、エンゲージメント、ここに書ききれないほどの数値があります。しかも、さまざまなツールでそれらの数字は精緻に確認ができます。会議の席でこんな会話が行われるのです。

「流入数が先週から３％減っています」
「ＰＶは増加傾向ですが、ＵＵは増えていません」
「流入は増えているけれど、ＣＶＲが下がっています」

そして、それらに対する対策が考えられます。ＳＥＯ用の記事を増やしましょう、改善しましょう。ＣＶＲ向上のためにＣＴＲを増やしましょう……。

本来は、「そもそもそのプロジェクトで何を実現するのか」、つまりＫＧＩが重要であり、それを実現するための指標としてそれらのＫＰＩがあるのですが、これでは細かな数字に踊らされているだけです。

ゲーム課金は世界一の日本

先に「日本人は社会人になると学ばなくなる」というなかなかショッキングな調査結果を紹介しましたが、もう一つ、面白い調査結果があります。

米Sensor Towerが行った調査ですが、App StoreとGoogle Playの国別の支出額を比べたところ、日本がダントツだというのです。日本は１４９ドルでトップ、２位は韓国の95ドル、３位がアメリカで90ドル。日本だけぶっちぎっています。

これはほとんどがゲーム課金です。私はこれを見て「自分の学びには時間もお金も使わないのに、ゲームにはお金を使うのか」と少しため息が出ました。別にゲームにお金を使うのは、それはそれでいいのですが、「いや、少しは学ぼうよ」と思ったのです。極端だなぁと。

すると知人はこう言ったのです。「それはコンフォートゾーンにいるための課金じゃないか」

スマホゲームの多くは、無料で楽しめます。しかし、少し有利にゲームをしたい、少し強くなりたい。そうすると「少し課金」したほうが楽なのです。課金することでゲーム内で有利になる。コンフォートゾーンを確保するための課金だというわけです。

これにはなるほど、と納得ができました。コンフォートゾーンにい続けるために少しの課金は許容する、という話になります。

私は、本書で何度も「一歩踏み出せ」と言ってきました。この話をしていて、「その一歩はどこからの一歩だろう。どこから踏み出すのだろう」ということに対する答えが見えた気がします。


コンフォートゾーンから、一歩踏み出すのです。


いまいる、心地よさそうな場所、安全地帯っぽい場所から、踏み出す。

その先は怖い場所かもしれない。行ったことがない場所で、見たことがない景色があるかもしれない。Fear Zoneです。

でも、そのさらに先には成長がある。コンフォートゾーンは、学び、成長に至るためのスタート地点なのです。子供のころからがんばって勉強してきたのは、少しでも有利なスタート地点を手に入れるためであり、そこに留まるためではなかった。そもそものコンフォートゾーンは時代とともに変化するので、いつまでもいられる場所ではないのです。学生のころにがんばった人は、きっと、いいスタート地点に立っています。だからこそ、一歩踏み出すことができるのです。

なお、肝心なのは、実はその次の一歩です。恐れに震えて、出した一歩をコンフォートゾーンに戻してしまうのか、もう片方の足も前に出せるか。実はこの2歩目が重要なのであり、偉大な一歩を活かすも殺すもここにかかっているということです。

弱さを認めるということ

2023年の秋、大学のティーチングパートナーから、相談がありました。

「心が打ちのめされて、とても講義ができる状態ではない。ちょっとの間、代講をお願いしたい」

もちろん、すぐに引き受けました。その理由がすぐにわかったからです。まさにハマスがイスラエルに攻撃をした時期でした。アメリカでもその報道が過熱しています。それが大きく影響していることは明らかです。周囲の反応も、私と同様のものでした。

アラブ、イスラエルにルーツを持つ学生、大学の運営関係者、先生は珍しくありません。彼ら、彼女らは、講義の席で「この攻撃をどう思うか」といった質問を投げかけてきます。そして、本来の講義そっちのけで、議論が始まります。どちらが正しいかはわかりません。それぞれの立場もあります。しかし、「そこで誰かが傷ついている」ことは必ず、議論に上ってきます。

これが日本の大学、教育機関ならどうでしょう。まず学生たちの議論は、やんわりと、あるいはばっさりと打ち切られてしまうのかもしれない。

「それぞれに正義があるので、軽々に議論できない」

「政治的な話題は学問にふさわしくない、本日の講義とは関連がない」

教壇に立つ先生自身も正解を持っていないだけに、その場を収められる自信がないということもあるでしょう。また先生が、あるいは学生がその事件で傷ついて、休むとなったら？　あからさまに言葉に出さないまでも「そんなことで休むなんて」という雰囲気になるかもしれません。学生にしても「そんな〝簡単に〟休むな」と言われるかもしれません。

一例ですが、日本にある慶弔休暇という制度は肉親やそれに類する人が亡くなった場合にしか認められていません。とても仲がよく、人生の大半をともにしている大親友が亡くなっても、慶弔休暇はありません。有給休暇を使うにも、微妙な空気になるかもしれません。
「肉親でもないのに？」と。

一概にアメリカが良いという気はありません。よく欧米型社会はドライでビジネスライク、日本型社会のほうがウェットで人間らしさがあると思われがちですが、必ずしもそうではないということの一例です。

これは会社の仕組みや働き方に起因しているだけではありません。働く人の意識も大きく影響しています。知人の日本での体験談ですが、数年前、あるイベントで登壇する予定だった人が、インフルエンザを発症したというのです。予定されたスピーチを知人が代行したそうですが、当日、客席にその登壇予定だった人がいるというのです。驚いた知人はスピーチ後に彼に駆け寄り
「何をしているのか」と聞いたそうです。

「だって、熱も引いたし」

軽く答えが返ってきて、言葉を失ったと言います。インフルエンザには、タミフルやリレンザ

といった症状をあっという間に抑え込む薬が存在します。このインフルで登壇を諦めた人は、症状が治まったので、会場に足を運んだわけです。きっと、本来なら登壇したかったのでしょう。もしかしたら、「たかが熱が出たくらいで、休んでいる」ことに後ろめたさがあったのかもしれません。気をつけなければならないのは、症状が治まっても「感染能（病を感染させる能力）」は維持されていること。症状がなくても人にうつしてしまう状態です。

最近でこそあまり聞きませんが、日本では、熱があっても出社することを、ある意味当然と見る風潮がありました。風邪で休むと「それくらいで……」と上司に嫌味を言われる、そんな環境も影響していそうですが、「それくらいで休む人」と思われたくないという個人の気持ちも大きく影響しているのでしょう。

バブル期には「24時間、戦えますか」というキャッチフレーズの強壮剤がヒットしました。それより前、高度経済成長期には、モーレツ社員という言葉がありました。サービス残業は当たり前、土日も会社のためにがんばる、そんな風潮が当たり前にあったのです。

これを「昔の話」と片づけられるでしょうか。

強キャラがビジネスに強いのか

スタートアップ、起業家の、あえて「界隈《かいわい》」という言葉を使いますが、その界隈では、「夢」のためにがんばる人が圧倒的多数です。そして、その界隈では「がんばる」のは当たり前です。

深夜まで、土日もいとわず働く人も珍しくありません。先程のモーレッツ社員、バブル期のビジネスパーソンと、さほど変わらないのです。

起業家たちが集う場にいると、いわゆる「強キャラ」がたくさんいます。休みなんていらない。人より少しでもたくさん働く。弱音は吐かない。熱が出ても働く。

そんな姿を見ていると少し不安になります。バブソンの学生でもバリバリにがんばって、彼・彼女のせいではなくビジネスが上手くいかず、挫折して、心が折れてしまう人がいます。あんなにイケイケで強キャラ全開だったのに、たった一回の失敗で、折れてしまうのです。

ダイヤモンドはとても硬く、モース硬度で10とされています。しかし、ダイヤモンドはハンマーで叩けば割れます。モース硬度というのは、「ひっかき硬度」と言われていて、「傷つきにくい」だけで、衝撃には弱いのです。

一方、ゴムの塊をハンマーで叩いてもそう簡単には割れません。

無理と無茶の違いという話があります。起業家は無茶をしがちです。無茶とは「客観」です。他者から見て「できないだろう」「そんなこと現実的じゃない」「難易度が高い」、そう思われていることが「無茶」です。まさにそれに挑戦するのが、起業家だと言えます。周囲から無茶だと思われていることを実現することに価値や喜びを感じているのです。

しかし、「無理」は「主観」です。たとえば、これ以上寝ないで働くと倒れる。これ以上の資金調達はできない。仲間だってこれ以上無給で働けない、給料をあげないといけない。

つまり、無理とは「不可能」のことなのです。それを強キャラで押し切ろうとすると、ダイヤモンドをハンマーで叩くように割れてしまうでしょう。できないことはできないと自覚して、別の方法を考える。時期を見る。助けを借りる。無茶はしても無理はしない。そういった柔軟性も重要になってくるのです。

強さと硬さ、弱さと柔らかさ

その柔軟性はどこから生まれるのか。ヒントは"vulnerability"「弱さ」にあります。ドラマなどでは、よく弱小野球部が強豪校（強キャラ）に立ち向かっていく物語があります。強豪校にいるようなプロから声がかかっている強力な選手がいなくても、戦略と戦術を駆使して戦っていくというような物語です。野球、それもまだまだ選手に荒削りさが残る高校野球なら、そうしたこともありうるかもしれません。

私が経験したアイスホッケーは、残酷なスポーツです。弱いチームが戦術を駆使して強豪チームに立ち向かっても、まず勝てません。ジャイアントキリングが極めて難しいスポーツなのです。先程の弱小野球部の物語でも、たいていは一人か二人、（特に投手で）強豪校に伍する選手がいたりします。そうでなくては、現実的ではないからでしょう。しかし、ビジネスにおいてはジャイアントキリングが可能な状況もあります。

スタート地点は、己を知り、「弱さを認める」ところです。

ビジネスのケースでは、資本力があり、優秀な人材が集まってくる、設備も何だって揃えているのが強キャラでしょう。実際にはそんなのはレアです。しかし、強キャラでなければならないと思ってがんばっている人も少なくないと思います。そういった人は、とても折れやすいのです。

疲れたら休めばいい。ショックが長引いているならば、休暇を取ればいい。無理はしなくてもいい。チャレンジすること、一歩踏み出すこと、一歩踏み外すことと、一歩はみ出すことは、無理をすることと同義ではないのです。

ガチガチに強さにこだわり、負けることを恐れて強がっていては、衝撃で壊れてしまいます。そして、自分の弱さを認めるからこそ、壊れない。何度でも立ち上がることができるのです。

起業にスキルはさほど重要ではない

私が大学で教えているのは「Entrepreneurship」です。日本語訳をすれば「起業家精神」になります。そう、「起業家になる方法」でも「起業家になるための技術」でもありません。乱暴な言い方をすると、事業主（社長）になる方法などというのは簡単で、法務局に行って法人登記すれば誰でも事業主（社長）です。これにスキルなど必要ありません。

起業家として、アイデアを出すための手法、それを評価するフレームワーク、実行していくための方法論を教えることはできます。会社をつくるための法務や実務もあります。しかし、それらは、「得意とする仲間」がいれば済む話です。究極、起業家は夢を描いて、ビジョンを指し示して、「旗を振る」ことができれば、仲間がついてきます。

学ぶことで身につく技術は、Entrepreneurshipにおいて、あまり重要ではないのです。時代によって求められるスキルも変わってきます。だからこそ、スキルは必要に応じて身につけるものなのです。

スキルよりも私が重視しているのは、「気づき」です。世の中にたくさんある「痛み」に気づき、解決したいと思う心です。技術は教えれば、得手不得手はあっても、大抵の人は身につけることができます。しかし、「気づくこと」は誰でもできるように見えて、なかなかその「視座」を得ることは難しいのです。

視座とは、マインドセットでもあります。物事を見つめる視点です。第一章で、多くの起業家が持つ「夢」を紹介しました。同じく「その夢は誰だって持てる」と言いました。その夢を描くためには「視座」が重要なのです。

人は同じものを見ても、同じようには感じません。コップに半分の水が入っている。これを「半分しか水が残っていない」と取るか、「半分も水がある」と取るかで、まったく意味が異なります。

寒い雨の日にあなたが家路を急いでいたとしましょう。どこからか、か細い鳴き声が聞こえる。探すと、濡れた段ボール箱の中に子猫が震えている。あなたは取り急ぎ、子猫を家に連れて帰った。

家に連れて帰ろうにもペット禁止なんだとか、家族が猫アレルギーなんだとか、連れて帰る前に電話をしなければとか、そういうことは横においておきましょう。そこで、何を考えるのか、です。

日本では、ペットの遺棄は法律で禁じられています。捨てた前の飼い主に怒りを覚えることもあるでしょう。自分では飼えないから、保健所に連絡しよう、その前に動物病院に連れて行こう。待て、こういう場合、保健所に保護された子猫は運が良ければ他の人に引き取ってもらえるが、だめだったら処分されてしまうと聞いた、それはかわいそうだ。

1　よし、自分で飼ってみよう
2　自分では飼えないから、動物病院に連れて行って相談しよう
3　動物病院は費用が高額らしいので、やっぱり保健所に連れて行こう

いろんな選択肢があり、選べる選択肢、選べない選択肢もあります。自分で飼うからそれで思考は終了でもいいでしょう。保健所に連れて行って、あとは仕方がない、でもいいでしょう。

しかし、思うのです。アントレプレナーなら、こう考えるのではないかと。

「動物病院の費用はたしかに高過ぎる。手頃な費用で動物病院の利用を提供できないか」

「法律でペットの遺棄を禁じても、捨てる人はいる。それを防ぐ方法はないか」

「保健所に保護されたペットを、ペットを飼いたい人に簡単に提供する方法はないか」


アントレプレナーは、一匹の捨てられていた子猫の向こうに、何十匹、何百匹、何千匹、なんなら地球上すべての捨てられたペットを想像するのです。眼の前の一匹の子猫を救うことはもちろん、その先の世界を見るのです。これが「視座の違い」です。


医者の世界でも同じようなことがあるそうです。ずっと臨床医一筋、現場でメスをふるい続ける外科医がいます。素晴らしい技術を持ち、極めて高い信頼を得ています。

一方、研究室にこもって、研究一筋の研究医がいます。臨床医は多くの人の命を救っていますが、臨床医に救えるのは「彼／彼女が出会った患者」だけです。研究医は、病気の治療法を研究し、それを世界中に広め、何万人もの患者を救える可能性があります。


どちらも素晴らしい医者です。ただし、視座が違うのです。スタンスが違うのです。

起業家は、一人では何もできません。それを支える技術者や数多くの仲間が欠かせません。そこに優劣はありません。**ただし、旗を掲げ、自分の北極星・羅針盤に従って周囲を巻き込むには、視座が重要なのです。より広い世界を見る目が必要なのです。**

起業家にとって、スキルは最重要ではない。もっとも重要なことは、視座です。

視座が違えば世界は変わる

起業家は夢を描きます。そして、夢を実現するために、ビジョンを持って社会にアプローチします。社会を変えようとします。「起業家は世界を変える」。大学の講義では最初にこの話をします。しかし、同じ話を日本でのセミナーでやると、まったく反応が違います。バブソン大学では、入学したばかりの学生が、私に「ヘイ！　先生、俺は世界を変えてやるぜ」と言ってハイタッチを求めてきます。他の学生も、「やってやるぜ」という目をしています。しかし、日本では何か微妙な空気になることが多いのです。

「なんだか、やばいやつが話を始めたぞ」

そういうときは、いろんな話をします。世界を変えると言っても法律を変えるとか、見たこともない事業を起こすとか、そういったことだけではないのだと。

過去にいた印象深い学生ですが、卒業後も何度も大学に顔を出していました。素直というか、わかりやすいというか、自分が起こした事業の調子がいいときはもうノリノリで後輩である学生たちに話しかけています。ところが、事業がうまく行っていないときは、どんよりと下を向き、話しかけても反応が悪い。「もう俺はだめだ」なんて顔をしています。いずれの場合にも、彼の周囲の世界は変わっていないのです。

同じ夕焼けを見ても、ある人は寂しく、ある人は希望を感じるかもしれません。寂しいときに一歩外に出ると、「なんて世界は暗いんだ」、周囲の人を見ても「自分とは関係がない、自分は孤独だ」と感じるかもしれません。一方、良いことがあったときには、「なんて世界は明るいんだ」と、同じ光景が新鮮に感じられ、周囲の人もみんな幸せに見えるでしょう。

そのときの状況、気分次第で世界が変わって見える。世の中はある意味、鏡に映る「自分自身」を投影している。世の中の見え方は、自分の感情とリンクしている。コップの水が「半分しかない」のか「半分もある」のか。自分が救えるのは「眼の前の一匹の子猫」なのか、「これから捨てられるすべてのペット」なのか。それは視座が違うだけです。

世界なんて、自分の視座が違えば、まったく違って見える。逆に言えば、世界を変えたいのであれば、自分の視座を変えればよい。

The best way to change the world, is to change the way you view the world.

世界はつながっている

第一章で触れた夢の話、起業家は夢を持っている、それは「世界を変えたい」「○○な世界をつくりたい」という夢だという話をしました。世の中にある「痛み」に共感して、その痛みをなくす世界をつくり上げたいのだと。

第四章で紹介した日本の起業家ですが、彼女は「肌が弱い妹でもおしゃれを楽しめる化粧品」を作りたいと考えました。すぐそばで生活している妹にピントが合っていたのです。スタートはそれでも、彼女は即座に「妹のような女性は数多く存在する」と視野を広げます。妹のためだけに化粧品を作ればそれで話が終わったはずが、起業につながっていくのは、身の回りにある痛み、ミクロな視点から、社会に存在する痛み、マクロな視点へと「ひとつながりの痛み」として認識できたからです。

ミクロの視点だけではビジネスにはなりません。マクロな視点だけでは、顧客の心理から離れてしまいます。ズームイン、ズームアウトして、そのどちらにもフォーカスを合わせることが欠かせません。

ミクロの課題とマクロの課題は必ずつながっています。それを切り離すことはできないのです。

大航海時代を思い描いてください。航海技術は発達している。どうやら世界は丸いらしいことも認知されている。しかし、当時の世界の中心たるヨーロッパから見ると、大西洋を渡った経験はなく（当然、アメリカ大陸は未知の存在）、世界地図などというものは、極めて不正確。

そんな時代に、「比較的正確な地図ができていて、見知った海」を航海するのは安全です。何を貿易するかも読めていて、利益も上がりやすいでしょう。危険に関する情報が集まっている航海です。これをRisk Managerによる航海と呼びます。既知の世界を行き来するわけです。

一方、アフリカ大陸の海岸伝いにインドを目指す航路を行くのは、行ったことはないけれど、なんとなく道筋はわかる航海です。Uncertainty Navigatorによる航海、不確実性が高まった世界ではあるが、海岸線という、ある程度たしからしいガイドは存在します。

最後がAmbiguity Explorer、道なき道を行く、未知の大西洋を西に突き進む航海、地図もない、海岸線もない。あるのは東西南北を示す羅針盤だけ。それと、「地球は丸い。東にあるインドには、逆に西に突き進めばたどり着くはずだ」という夢です。マゼランが世界周航を達成する前、ヨーロッパからインドにたどり着くには、陸路を行くか、アフリカ大陸を大回りするしかありませんでした。西に直進してインドにつけば、もっと楽かもしれないという夢があったのです

（実際には間にアメリカ大陸が存在したのですが）。

リスク管理をしてより安全な方策を考える、比較的に不確実だがそれでもガイドラインがある方法を考える、未知で予測不可能な方策を考える。この3つはどれが優れているというわけではありません。ビジネスのタイプやステージ、社会環境でも変化するでしょう。

しかし、起業家ならば、自分がどのタイプなのか、仲間とするならどのタイプがいいのか、考える必要があります。

目の前に見える世界と、もっと広い、自分では見たことがない世界。妹の話と世界の話。地中海の話と大西洋の話。すべてつながっている世界です。

自分の人生の舵取りを人に任せるな

船はあなたの事業、ビジネスです。会社員という人生を選ばなかった、あるいは会社員であっても普通の出世コースではなく社内起業に取り組んでいる人は、自分だけの羅針盤を持っています。そして、自分という船のオールを自分で漕いでいきます。誰もあなたの船は漕いでくれません。自分の人生は自分で決める、自分で進めるのです。

起業家精神、Entrepreneurshipは、そのまま「自身の人生、キャリアを自分でコントロールする」こと、Ownershipにつながります。会社に入って与えられた仕事をしていれば給料がもらえる人生を選ばなかった人には、いえ、たとえその人生を選びたくても、これからの時代、終身雇用制はなく、転職が当たり前になる時代、誰でも起業家精神が必要になるでしょう。

そして、自分の人生とキャリアを他者に委ねず、自分で動かすということは、「自分の幸せ」を自分でつかむということです。自分にとっての幸せとは何か、追究する必要があります。それがわかったら、その幸せを得るために、自分の行動を律する必要があります。

"Happiness is a choice."

それを自分でやるのです。起業家は自分自身の羅針盤を持っています。ならば、自分で切り開くのです。幸せは他人から与えられるものではない、自らのなかから生まれるもの、そして自らの選択によって摑み取るものなのです。

起業は目的ではない、世界を変えよう

日本中に１０００店舗以上、海外も含めると１５００店舗を展開するカジュアルイタリアンレストラン、サイゼリヤ。この日本でも有数の外食チェーンは、千葉県で小さな洋食屋として生まれました。創業時には、普通の洋食レストランであり、開店しても客足は伸びず、しかも火事で店舗が焼けてしまうアクシデントにも見舞われました。そこで「これから流行る洋食」を探して

ヨーロッパを旅し、イタリア料理に出会います。

「この豊かな食事を日本の多くの人たちにも愉しんでもらいたい」という大きなロマンを心に抱きました。

創業者である正垣《しょうがき》泰彦氏はこう語っています（株式会社サイゼリヤwebsite内「経営者メッセージ」）。このロマンは「夢」です。当時、まだ1960年代のこと、日本にイタリアンレストランは数えるほどしかありませんでした。こだわりのイタリアンを食べさせる店なら、すぐにでも実現できたでしょう。しかし、「日本の多くの人たちにも愉しんでもら」うためには、高級料理ではいけない。そこで、当初考えていた価格から7割引きの値段を設定し、それを実現するために90年代からは食材を直接輸入することにしました。多店舗展開を急ぎ、スケールメリットも求めました。その結果、いまのサイゼリヤが存在します。

レストランを開くことが目的なら、最初からその夢は叶っていました。まだ日本人が知らない本格的なイタリアンを食べさせる店を作ることが夢なら、比較的容易に叶ったでしょう。しかし「日本の多くの人たちに」を夢にしたために、「低価格化」「多店舗展開」を実現する必要がありました。

「日本の多くの人たちに」という視座を持っていたことが、いまのサイゼリヤチェーンを生んだといえます。

起業家といいますが、**起業は目的ではありません。夢を叶える手段です。**その夢も個人のものではなく、**世界を変える夢です。**古い寓話ですが、政治家に関する話があります。

ある男が言います。

「政治家には2種類しかいない」

別の男が答えます。

「いい政治家と悪い政治家だろう」

男は答えます。

「違う。他人のために働く政治家と自分のために働く政治家だ」

別の男は言います。

「自分のために働く政治家は悪い政治家だろう」

男は「違うんだ」と話し始めます。

「もしも、その政治家が人に喜んでもらうことが至上の喜びだったら、一見、自分のために政治をしているように見えても、その政治家は他人のために、他人が喜ぶために政治をしているんだ。だから、自分のために働く政治家は、必ずしも悪い政治家じゃない。いいか悪いかは価値観で変わる。だから、他人が喜び、自分も喜べる、そんな政治家が一番いいと思う」

話はこう終わります。私は、起業家とは「他人が喜んでくれることに至上の喜びを覚える政治家」であるべきだと思います。

アメリカのショービジネス界の伝説の人物、P・T・バーナムを題材とした映画『The Greatest Showman』にも次のセリフがあります。

"The noblest art is that of making others happy."
（最も崇高な芸術とは他人を幸せにすることだ）

会社をつくること、事業を起こすことがゴールではない。他人が、他社が、社会が、世界が喜んでくれる、そこが目的です。しかも、そのゴールに到達すると、きっと次の夢が見えてくるはずです。

「青い鳥」はどこにいる

メーテルリンクの『青い鳥』は多くの人が知っている物語でしょう。

貧しい木こりの家の子供、チルチル、ミチルの兄妹は慎ましく暮らしていましたが、近所の金持ちの家庭を羨むようになっていました。そんなある日、魔法使い（原文のフランス語ではla Fée〔妖精〕）から「自分の子供の病気を治すために、幸せの青い鳥を捕まえてきてほしい」と頼まれます。

チルチルとミチルは、青い鳥を探す旅に出ます。「思い出の国」「夜の御殿」「森」「墓地」「幸福の花園と幸福の御殿」「未来の国」を巡ります。幾度か青い鳥を見つけ、時には捕まえるのですが、すぐにその鳥は死んでしまったり、青い鳥ではなくなってしまったりします。

最後に家に帰った二人は「青い鳥なんていなかったんだ」と落胆し、床につきます。しかし、目が覚めると隣の部屋の鳥かごに青い鳥がいるのです。二人は幸せの青い鳥はすぐそばにいたことに気がつきます。すると、不満ばかりだった暮らしの中に、幸せがあふれていることにも気がついたのです。

一般的には「幸せとはすぐ近くにある」「心の持ちようだ」というような解釈をされることが多い話です。しかし、起業家的には、興味深い点が3つあります。

まず1つ目は、「魔法使い／妖精の幸せのために、青い鳥を探す」という点です。貧しい自分たち、近所の金持ちが羨ましい自分たちの幸せのためではなく、他者のために幸せを探しに行くのです。

たいていの童話や昔話では「自分のためだけに行動する人」は不幸になります。これは道徳的な意味合いですが、「青い鳥」は利他的な行動の意味を説いているように思えるのです。いわゆる「情けは人のためならず」、人にかけた情けは、巡り巡って自分に返ってくる、そういう意味に感じられます。

2つ目は、いくつもの場所を巡る旅です。「青い鳥を探してくれ」と頼まれ、旅に出ること。これは「一歩踏み出した」と言えるのではないでしょうか。そして、青い鳥の手がかりを探して、さまざまな場所を訪れます。的はずれな場所もあれば、期待できる場所もあります。一歩、踏み外したような場所も訪れます。一歩はみ出したような、失敗もします。しかし、二人は諦めることなく「青い鳥」を探し続けます。

結局、二人は疲れ果てて家に帰るのですが、旅のあいだ二人を導いてきた光の精はこう言います。

「一生懸命探したのです。いつかきっと見つかりますから、元気をだしてください」

この光の精はこう付け足したかったのではないでしょうか。

「あなたがたが探し続けるならば」

そして3つ目のポイントです。

「家で青い鳥が見つかった」ことです。子供向けの解釈では「幸せはすぐそばにある」でしょう。しかし、起業家的には少し違います。

一歩踏み出し、一歩踏み外し、一歩はみ出してきたからこそ、青い鳥＝幸せ＝夢が手に入ったのです。それはどこか遠くにあるのではなく、自分で生み出す、摑むものです。それは目の前にあります。遠くではない。しかし、一歩踏み出し、一歩踏み外し、一歩はみ出さないと手に入らないのです。

起業家にゴールはない、のです。**いつも次のゴールを見ているのが、起業道なのです。**

ワクワクしませんか。到達点（成功）を意識することなく、挑戦の道のりを楽しむ。

私自身は、起業家というよりはむしろ**起業道家**。起業家精神を育てる立場です。そしてそれは「幸せをつくること」だと思っています。先に紹介した医者の話ではありませんが、一人ひとりの起業家が臨床医だとしたら、私は研究医のようなものです。患者を治す方法を研究し、それを実践する医師を育てている。時には、いきいきと起業に取り組み、一喜一憂し、失敗し、夢を叶える教え子たちの姿をうらやましく思うこともあります。

でも、そこに私の幸せがあります。そして、重要なことは、「その幸せを私自身が選んだ」ということです。
日本を代表するシリアルアントレプレナーの溝口勇児氏は、人生を選択の総和としてとらえる学び深い話をします。さまざまな選択の中で、本当に自分自身の意志で、自分の幸せという尺度で選択したことがどれだけあるでしょうか。案外、周囲に流されたり、人の影響を受けていたりすることが多いものです。
人の影響も悪いことばかりではありません。知人は、学生のころ、ちょっとしたことで「どうしようか？」と迷ってばかりいたそうです。その人は友人に相談しました。するとこういう答えが返ってきたそうです。

「面白いと思うほうでいいんじゃないか」

どちらがいいかではなく、どちらが面白そうかで選べというアドバイスだったそうです。どちらがいいかで選んでいたら、うまくいかなかったときに、後悔する。けれど、面白いほうを選んでいたら、まぁそれもしょうがないかと思える。自分の意志で、後悔がない道を選べということでしょう。起業家が、自分の意志で、夢を叶える選択、それはきっと「面白いほう」を選ぶことでしょう。幸せは、他人から与えられるものでも、天から降ってくるものでもありません。自分自身の選択の先にあるのです。

私はいま、とても楽しい。死ぬまで、挑戦者を育て、応援、支援し続けたい。活躍するみんなの姿を見ていたい。

いまは亡き、私の友がいます。アイスホッケーの選手でした。私のボストンでの元チームメイトです。ところが、試合中、突然倒れて、そのまま亡くなってしまいました。そのチームメイトはもう結婚していて子供が3人いました。葬儀も行われて、落ち着いたころに仲間と共に彼の家を訪ねました。彼の妻と話をしました。すると、こんなことを言うんです。生前、彼に、どんなふうに死にたいかと聞いたことがあると。すると彼はこう答えたというんです。

「俺はホッケーが大好きだから、できればホッケーをやってる最中に、氷上で死にたい」

彼も冗談で言っていたのでしょう。彼の妻も私にそう言ったのは半ば冗談だったのでしょう。

「だから、彼はきっと幸せだったのよ」

ああ、彼は本当に好きなことをやっていたんだな。そう感じました。私の師、ピーター・ドラッカーも自分が死ぬ直前まで本を書いていたいと言っていたそうです。執筆しながら亡くなったという話を聞きました。

あなたにとって、そんな「何か」はありますか。

あなたの「夢」は何ですか。

それを叶えてください。それはきっと幸せにつながるはずです。

一歩、踏み出せ、一歩、踏み外せ、一歩、はみ出せ。

そして、〇〇〇〇〇……

Entrepreneurship is

never ending.

It is an on-going journey

of self-discovery.

おわりに

「山川さんって、レアキャラですよね」

先日、知人にこう言われて、頭の中に「?」が浮かびました。知人はこう続けました。

「MBAを取った日本人はたくさんいます。DBAやPh.D.を取得した日本人もそこそこいます。また海外の大学で教鞭をとっている日本人も結構います。でも、その全部という人はあまり聞いたことがないですし、その上起業を教えながら、事業も多角的に経営している。なかなかのレアものですね」

なるほど。あまり自覚はなかったのですが、私は希少種のようです。たしかに指摘された通りかもしれない。経営学修士を取得して実業をやっているプラクティスの人間であり、博士号を持って大学で教えるアカデミックな世界の住人でもある。しかも、大学で行っているのが「起業家教育」です。加えて、日本語と英語だけではなく、スペイン語、フランス語もある程度理解できる。人に会うと「Hey!」とハンドシェークにハイタッチ、ハグすることも違和感ないかもしれない。

日本人っぽくないところといえば、こういう「ハイブリッド」な感じがそうかもしれません。一つのことに集中し、その道を突き詰めることを尊ぶ観点からは、私のような人間は、「いろんなことに手をつけている半端な人間」に思えるかもしれません。あるいは恵まれた人間だと思われるかもしれません。自慢話に聞こえるかもしれません。

でも、この話をここでするのには理由があります。それは「この本を書くことを決めたわけ」を最後に伝えたかった。そのためには、この話が必要だったからです。

私がこれまで歩んできた「道」があります。真っ直ぐではなかったし、平坦でもありませんでした。闇の中を歩いたような時期もありました。そういった道を歩んできて、レアキャラになったいまがあります。藪《やぶ》の中、必死に自分で道をかき分けて、灯りを見つけて、時に高い山を登り、深い谷を越え、流れが激しい河も渡ったと思います。

少し、具体的にその「道」の話をさせてください。

私には、故郷と言える故郷がありません。父が地質学者であり、登山家であり、その研究や仕事のために国を転々と移動していました。子供だった私は日本国内、海外を問わず、引越し続けました。転勤族のグローバルバージョンです。

どこに行っても、私は異物でした。まともにコミュニケーションさえ取れません。文化の理解、の前に言葉もわからないのですから。よく日本のビジネスパーソンが海外赴任したとき、現地の学校に通う子供が現地の言葉を親より早く習得するという話があります。でも、私には、その余裕さえありませんでした。それほど、頻繁に移動していたのです。いつも辞書を片手に、「お腹が痛い」などと先生に伝えていました。一人で帰宅させるわけにはいかないので、迎えに来てくれた母と家まで歩いて帰ったり。

まさにサバイバルをしているようなものでした。文字通り必死です。辞書を片手に先生とコミュニケーションを取らなければならない子供の姿を想像してみてください。適者生存、その環境に適応できなければ、生き残れない。それも、どんどん、環境が変わる。今月はサンパウロ、来年はバンクーバー……。ポルトガル語、英語、フランス語だって、理解できるようになろうというものです。必死だったからです。

カナダに移住したときのことです。私の人生に大きな影響を及ぼす出来事が起こります。カナダの国技といえば、アイスホッケーです。北米4大スポーツ、MLB（野球）、NFL（アメリカンフットボール）、NBA（バスケットボール）、そしてNHL（アイスホッケー）。とくにカナダでは、アイスホッケーが大人気です。カナダに転居した翌週、父に、NHLの頂上決戦、日本野球で言えば日本シリーズに当たる「スタンレーカップ・ファイナル」の試合に連れて行かれます。その迫力、観客の熱狂はいまでも覚えています。そして試合後、帰り道で、ぽつりと私は呟いていました。

「アイスホッケー、やってみたいな」

その翌週、私はアイスホッケーのリンクの上にいました。初めて身につける防具とケージのついたヘルメット。初めて履くスケート靴。初めて持つスティック。ルールなんてもちろん知りません。リンクに入っても、立つこともできません。でも、そのときの氷の匂いはいまでも強烈に覚えています。

私は立つことだけに専念していました。そんな状態でもお構いなしに、初日から試合に参加できました。別にいじめでも、スパルタでもないのです。それが当たり前。そうやって、楽しみながらできるようになっていくのだというトレーニング方針が確立されているのです。

やがて、上達した私は、初心者クラスを脱して、上のクラスに上がっていきます。さらに上のクラスへ、その上に。そして、上がれば上がるほど反発も受けました。トップチームの選手たちは、トッププロを目指しているのです。よくわからない日本人は邪魔なのです。

私は異物なんだ。

そう気がついたのはそのころでした。ああ、初日にリンクに立っていた何もできない私と、子供のころ、言葉も通じない学校に通っていた私は同じだ、と。

でも、もう一つのことも思い出しました。カナダで、言葉もわからないでいる自分に手を差し伸べてくれる、少しだけ年上の少年少女がいたことを。もちろん言葉は通じません。でも、私を気にかけてくれ、いろんなことを教えてくれようとしていました。アイスホッケーチームでも同じです。同世代の少年が、決して教えるほど上手でもないのだけれど、やたらと世話を焼いてくれました。

私は異物として、自分が放り込まれた場所に適応し、進化していったのだと思います。その場に順応して、変態（変化を常態とする人）化していったのだと思います。難がない、無難な人生ではなく、難がたっぷり有る、有難い人生を送っているのだと思います。

大学を卒業し、就職もしました。入社後も、新規事業開発に携わらせてもらえました。上司にも同僚にも部下にも恵まれていたと思います。何も知らない社員を導き、チャンスを与える風土にあやかりました。幸せでした。土日も含めて同期の5倍は（自ら進んで）働いていた気がします。

でも、会社を辞めました。評価されている自分は、本当の自分なのか、わからなかったからかもしれません。

今いる自分は、なりたかった自分なのか？

ただ、生き残るために、適応しただけの存在なのではないか。

やりたいことはやれているのか。

アイスホッケー選手になりたかった。でもＮＨＬの壁は高かった。ビジネスの世界で自分の本当の力を知りたくて、ＭＢＡもPh.D.も取得した。そこでも違和感は消えなかった。経営者になりたいのか、学者になりたいのか。共に学んだ仲間たちはみな、強い意志を持っていました。自分にそれがあったのか。

そんなころ、90年代後半のころです。渋谷はビットバレーと呼ばれ、ＩＴベンチャー企業が次々と生まれていました。そう、起業家がたくさん生まれていたのです。名が通った起業家だけではなく、他にもたくさんのアントレプレナーがいました。彼らは輝いていました。

素直に、憧れたのでしょう。あんな風になりたい、と。
夢はまだない、でも憧れはできた。
起業家精神を持つ者として、自分は何に対して、情熱を注ぐことができるのか。

そこで出た答えは、とにかく一歩を踏み出そう、時には踏み外そう、そして大きくはみ出してみようということでした。振り返るといつも知らない世界に放り込まれてきた。放置されたことでサバイバルの術を得た。どんな人たちの中に入れられても生き抜く術を得た。それは、いつもワクワクする体験でもあった。挑戦するしかなかった。そうでないと、自分の世界は変わらなかった。必死に生き抜いてきた自分は、世界を変えようとしてきたのではないのか。レベルは違う、規模は違うけれど、自分は子供のころから、あの輝かしい起業家と同じ行動を取ってきたのではないか。自分にはアントレプレナーシップがいつしか備わっていたのではないか。

これをもっと広めたい。誰だってやればできる！　何だってやればできる！　夢を叶えようと足掻《あが》く起業家、起業家の卵たちを育てる、応援、支援する役割に、いつの間にか深くのめり込んでいました。日々の食べ物に事欠く状態に陥ったこともありましたが、いまはバブソン大学で起業家教育に携われています。

大学では学生たちと毎日のようにハンドシェーク、ハイタッチ、ハグを繰り返しています。

完全な陽キャ？　それが私の本当の姿かどうかいまだにはっきりとはわかりません。でも、最近、違和感は小さくなりました。きっと、異物である自分を認めることができたからだと思います。

いま私は、アントレプレナー、イントラプレナー、あるいはその卵たちが道を行くときに手に持つ灯りを手渡す仕事をしているのだと思います。子供のころ、世話を焼いてくれたあの少年少女、アイスホッケーのリンクでうっとうしいくらいスティックの持ち方を教えてきたあの少年のように、世界を変えよう、夢を叶えようと前に進む起業家たちの道を照らす手助けをしています。

私が教えているのは「起業道」、なかでも「失敗学」です。

本文でも触れましたが、「起業道」というと、古臭く感じられる方がいるかもしれません。因習やしきたりに縛られたものではないのか。結果よりもやり方を押し付ける、価値観や苦労、犠牲を押し付けるもの？　そうではありません。逆です。その道の先には、明るい未来が有る。この道を歩もうとしている人たちに、私は憧れています。

そんな憧れの人たちを数多く増やしたい、歩く道を少しでも明るく照らしたい。

この本はそんな想いで書くことにしました。

Entrepreneurship begins with a problem, and aims for the triple bottom line : profit, people, and planet.

誰かが感じている小さな痛み。無視できない痛み。それは社会的に言うなら「課題」とされます。解決されるべき課題ですが、その多くは小さくて「認識されていません」。あるいは、大きすぎて「解決できない」と思われている。わかっているけど、「諦められている」。

アントレプレナーは、それを解決する偉大な存在です。

起業道として、どう取り組んでいくのか、HAPPYをどう実現するのか。

それはこの本にまとめてあります。

そして、この本を読んだら、できれば2回くらい読んだら、いったん棚に挿して、忘れてください。

Learn to Unlearn.

過去の失敗に学び、自分自身で失敗し、進んでいく。過去に囚われてはいけない。私が言っていることが間違っている可能性だってあります。私だって、たくさんの失敗をしてきました。そんな人間の言うこと、あてにならないかもしれません。

だったら、反面教師になれます。私が言ったことの逆をやってみてもいい。私が教えている学生だって、私に評価されるために学んでいるのではありません。

やりたいことを、自分がこだわることを、無視できない痛みをなくすことを。

自分自身のために、自分自身で決めた北極星を道標に、進んでほしい。

きっとそれが、幸せにつながる。

私は死ぬまで「起業道」を伝え続けます。

そうしたいからです。

リンクの上でその人生を終えた友のように、死ぬまでやりたいことがあるから。

それが幸せだから。

あなたがやりたいことはなんですか？
いまはまだなくても良い。きっと見つかります。
さぁ、いつかどこかでお会いしましょう。
そして、あなたの夢を聞かせてください。

著者プロフィール

山川恭弘（やまかわ・やすひろ）

慶應義塾大学法学部卒。カリフォルニア州クレアモントのピーター・ドラッカー経営大学院にて経営学修士（MBA）課程修了。テキサス州立大学ダラス校にて国際経営学博士号（Ph.D.）取得。2009年度よりバブソン大学准教授。同大学は起業家教育分野において30年連続全米1位との評価を受ける。専門領域はアントレプレナーシップ。バブソン大学では、学部生、MBA、エグゼクティブ向けに起業道を教える。東京大学特任教授をはじめ、日本国内でも多くの大学にて教壇に立つ。数々の起業コンサルに従事するとともに、自らもボードメンバーを務める。2022年度までCIC ジャパンプレジデント、ベンチャーカフェ東京代表理事、2024年よりベンチャーカフェ東京顧問。経産省J-Startup推薦委員。文科省起業教育有識者委員会メンバー。

• LinkedIn:
Yasuhiro (Yasu) Yamakawa, Ph.D.

• note:
https://note.com/yazzle_dazzle/

バブソン大学《だいがく》で教《おし》えている
世《せ》界《かい》一《いち》のアントレプレナーシップ

二〇二四年五月一三日　第一刷発行

著者　山《やま》川《かわ》恭《やす》弘《ひろ》

発行者　森田浩章

発行所　株式会社 講談社
東京都文京区音羽二-一二-二一　郵便番号一一二-八〇〇一
電話　編集　〇三-五三九五-三五二二
　　　販売　〇三-五三九五-四四一五
　　　業務　〇三-五三九五-三六一五

ブックデザイン　ニマユマ

印刷所　株式会社新藤慶昌堂

製本所　株式会社国宝社

ISBN978-4-06-535676-0

KODANSHA